Aidez vos proches

à surmonter

L'alcoolisme

Direction Stephen Bateman
Direction éditoriale Pierre-Jean Furet
Suivi éditorial Caroline Rolland et Anne Vallet
Secrétariat d'édition Marie-Claire Seewald et Dominique Montembault
Conception graphique et réalisation Claire Rouyer
Couverture Nicole Dassonville

L'éditeur remercie Marie Berthelier pour son aide.

Pr Jérôme Palazzolo
Postface : Pr Max Poty

Aidez vos proches

à surmonter

L'alcoolisme

HACHETTE
Pratique

SOMMAIRE

AVANT-PROPOS

Jean-Philippe a trois fils. Depuis toujours, il n'a eu de cesse de leur répéter : « Mes enfants, n'oubliez jamais l'adage suivant, qui m'a été enseigné par mon père, lequel le tenait lui-même de son père : "La vie, c'est comme une bouteille d'absinthe…". » Par un triste soir d'automne, au crépuscule d'une existence passée à travailler dur et à faire le bonheur de sa famille, Jean-Philippe, sentant sa dernière heure arriver, réunit ses proches pour leur faire ses adieux et leur dire combien il les aime. Ses trois fils sont présents. Jacques, l'aîné, la voix emplie de sanglots, demande alors à son père mourant : « Papa, tu nous as enseigné que la vie, c'est comme une bouteille d'absinthe… Nous avons fait de cette parole notre devise. Mais aujourd'hui, mes frères et moi souhaitons te poser une question : quelle est la signification de cette phrase, exactement ? » Le vieil homme, dans un dernier soupir, répond : « Mes braves enfants, je n'en ai strictement aucune idée… »

À bien y réfléchir, cette histoire drôle n'est pas très éloignée de la réalité… Lorsqu'on s'intéresse au problème de l'alcoolisme, on s'aperçoit vite que de nombreuses idées reçues circulent, la plupart étant d'ailleurs fausses. Tout le monde a son point de vue sur la question : l'alcool stimule, l'alcool conserve, l'alcool soigne, l'alcool permet de faire la fête, un proche n'est alcoolique qu'à partir du moment où il est malade du foie, etc.

Mais en définitive, personne n'a d'idée précise des dégâts réels causés par l'alcool, et lorsqu'un conjoint, un parent ou un ami sombre dans l'alcoolisme, on ne sait la plupart du temps pas comment l'aider, quoi lui dire, que lui conseiller...

En France, on estime à 2 millions le nombre d'alcooliques dépendants et à 5 millions le nombre de buveurs excessifs. Cela signifie que la plupart d'entre nous en comptent au moins un dans leur entourage. Mais entre mensonges et promesses jamais tenues, amour et colère, peine et épuisement, vivre aux côtés d'une personne alcoolique est un choix des plus difficiles à assumer. Comment l'assister, la soutenir et l'accompagner dans sa souffrance, puis dans sa guérison (si tant est que l'alcoolisme puisse être considéré comme une maladie) ?

À partir de quand peut-on dire que quelqu'un est alcoolique ? La limite est-elle fonction de la quantité d'alcool absorbée ? Pas le moins du monde ! Certaines personnes peuvent ainsi boire beaucoup sans pour autant être ce que l'on appelle dans le jargon médical alcoolo-dépendantes. On nous voudrait tous égaux : quelle absurdité sur le plan de la physiologie !

En fait, l'alcoolisme se définit par la dépendance qui lie l'individu au produit. Ce qui fait l'alcoolique est donc moins la quantité d'alcool qu'il boit que la relation qu'il entretient avec la substance. Pour la personne dépendante, le fait de boire de l'alcool est un réel besoin, et non plus un plaisir. Le produit devient indispensable... Elle ne parvient plus à s'arrêter de boire, sa consommation crée des problèmes familiaux et sociaux, elle commence à souffrir de troubles de la mémoire (légers au début, puis évoluant rapidement vers l'aggravation), se met dans des situations au sein desquelles elle ne pourra que boire de nouveau (la plupart de ses « bons amis » sont tous des piliers de bar)... Et surtout, elle croit maîtriser sa consommation, alors que tout prouve le contraire !

Alors, en définitive, quel discours doit-on tenir à un proche qui souffre d'alcoolisme ? Comment se comporter vis-à-vis de lui ? Quel type de prise en charge lui proposer ? Existe-t-il un traitement efficace ? Autant de questions auxquelles je vais m'efforcer de répondre dans cet ouvrage que j'ai voulu pratique et concret ; il sera pour vous, je l'espère, un véritable allié qui vous permettra de mieux comprendre ce qui se passe dans la tête de votre conjoint, votre parent ou votre ami alcoolo-dépendant. ■

COMPRENDRE

L'alcoolisme est présenté par les médias et par les médecins comme un véritable fléau : à l'origine de nombreux accidents de la route, d'ennuis de santé parfois graves, voire de délits, l'alcool est considéré par certains comme une drogue dure. Mais en définitive, c'est quoi, l'alcoolisme, exactement ? Je vous propose ici de faire le point sur ce problème en citant quelques chiffres importants et en vous donnant quelques « clés » qui vous permettront de savoir si votre proche est alcoolo-dépendant ou pas.

L'alcoolisme, qu'est-ce que c'est ?

Mon conjoint/mon parent/ mon ami est-il alcoolique ?

Si vous vous posez cette question, c'est déjà mauvais signe, aurais-je tendance à dire… Il est important de savoir que l'on ne devient pas alcoolique du jour au lendemain. Ce n'est que progressivement que la personne ne maîtrise plus les quantités d'alcool absorbées et qu'elle perd sa liberté de choix face à la substance. De manière quasi imperceptible, elle ressent peu à peu le besoin de boire pour se sentir mieux dans sa peau – et dans sa tête – et faire face au manque.

Plus l'alcoolique boit et plus ses problèmes augmentent, qu'il s'agisse de problèmes personnels (perte d'emploi, santé altérée, mémoire déficiente…) ou avec son entourage (violence, isolement, absence de communication…). Un cercle vicieux se met alors en place : la personne alcoolique boit pour oublier ses difficultés et son comportement désagréable vis-à-vis de ses proches.

L'exemple de…

Audrey, âgée de 36 ans et mère de deux enfants, est femme au foyer. Les relations avec son mari, souvent absent (il est directeur régional dans un laboratoire pharmaceutique, et en déplacement quatre jours sur sept), sont assez difficiles et conflictuelles. « Pour se remonter le moral », elle consomme bière sur bière à partir de 20 heures, une fois que ses enfants sont couchés. Ce comportement dure depuis maintenant quatre ans.

L'exemple de...

Stéphanie, 29 ans, institutrice, est célibataire. Depuis deux ans, elle est affectée dans une école qui se trouve dans un quartier réputé « difficile ». Elle a du mal à se faire respecter par ses élèves, il lui arrive de se faire insulter par certains parents, et dernièrement son appartement a été cambriolé. « Pour apaiser son angoisse », elle consomme deux verres de whisky avant d'aller travailler, deux verres de vin au repas de midi et une demi-bouteille de gin le soir avant d'aller se coucher.

L'exemple de...

Pétro, âgé de 35 ans, est cadre supérieur dans une entreprise d'informatique. Marié, sans enfants, il est atteint d'une timidité maladive ; il panique à l'idée de présenter un projet en public, il est terrorisé lorsqu'il doit animer une réunion. Pourtant, son activité nécessite qu'il assure de telles fonctions. Alors, « pour se donner du courage », il consomme deux à trois verres de vodka avant chaque intervention en public. Le problème, c'est que cela se produit plusieurs fois par jour.

L'exemple de...

Marcel, âgé de 47 ans, est barman. Travaillant dans une discothèque, il aime l'ambiance de la nuit et adore faire la fête. « Pour passer une bonne soirée », il lui arrive de boire quelques verres avec ses clients. Travaillant six jours sur sept, il ingurgite de l'alcool en grande quantité chaque jour, sans pour cela se retrouver totalement ivre.

L'exemple de...

Jean-Jacques, âgé de 53 ans, est policier. Affecté au service d'intervention d'urgence, il dit qu'il a de plus en plus de mal à faire face au stress que lui procure son métier. Alors, « pour évacuer la pression », il boit un demi-litre de pastis chaque soir lorsqu'il rentre chez lui.

Je pourrais multiplier les exemples à l'infini.
En définitive, chaque cas est unique, et il

semble bien difficile d'énoncer des généralités lorsqu'on aborde le problème de l'alcoolisme. En discutant avec votre conjoint/votre parent/votre ami que vous soupçonnez d'être alcoolo-dépendant, vous vous rendrez vite compte qu'il a une « explication logique » à son comportement. Que ce soit « pour se remonter le moral », « pour apaiser son angoisse », « pour se donner du courage », « pour passer une bonne soirée », « pour évacuer la pression »... il y a toujours une bonne raison pour s'embuer l'esprit. L'objectif pour vous n'est pas de juger, de sermonner, mais bien de comprendre que votre proche a un problème, et de lui proposer votre aide afin d'envisager une solution adaptée.

Peut-on parler de maladie ?

En premier lieu, vous devez savoir que l'alcoolisme n'est pas une maladie au sens purement médical du terme. En effet, une maladie a un début, elle est diagnostiquée, soignée, et a une fin (prenez l'exemple de l'angine). Pour l'alcoolisme – qui se définit par une dépendance psychique et physique à l'alcool –, on ne peut pas parler de stricte guérison : un alcoolique « guéri » est en fait un alcoolique abstinent. Ce qui signifie que si votre conjoint/votre parent/votre ami alcoolique vous dit : « Ne t'inquiète pas, je maîtrise ma consommation d'alcool. Je bois deux verres, et après je m'arrête », vous devez être conscient qu'un tel discours n'est pas applicable sur le moyen terme. Il y aura toujours un moment (souvent favorisé par un événement extérieur : peine, joie, fête, deuil...) qui le précipitera à nouveau dans une alcoolisation massive et régulière. Si, quinze ans après avoir cessé toute consommation d'alcool, l'alcoolique « guéri » reboit un verre le lundi, il est fort probable que le mardi il en reprendra quatre et que le mercredi il absorbera la moitié d'une bouteille. Le processus est alors réenclenché. Vous avez des doutes là-dessus ? Eh bien, vous n'avez qu'à observer le comportement d'un ancien fumeur... C'est exactement le même processus !

L'exemple de...

Jean-Michel, après onze ans d'abstinence la plus totale, a voulu boire une coupe de champagne à l'occasion du jour de l'An. Il a alors très vite retrouvé certaines « sensations » qu'il croyait avoir oubliées. Cependant, pensant être définitivement tiré d'affaire, il s'est remis à boire quelques verres dans les jours qui ont suivi. Trois mois plus tard, il était hospitalisé pour une nouvelle cure de sevrage.

Dites-vous bien une chose : une personne qui a été dépendante à l'alcool ne sera jamais la plus forte face à la substance !

La personnalité addictive

Alors, s'il est difficile de parler de réelle « maladie » dans un tel contexte, que peut-on dire à une personne alcoolique ? Il faut savoir que les spécialistes de la question ne sont pas tous d'accord sur ce point. Pour ma part, j'explique généralement à mes patients alcooliques* qu'ils souffrent d'un trouble de la personnalité, la personnalité étant notre façon d'être vis-à-vis du monde environnant (plus exactement, c'est la manière dont on apparaît à

* Lorsque l'alcoolisme est dit « primaire », c'est-à-dire qu'il survient en dehors de toute autre cause psychologique. L'alcoolisme peut aussi être « secondaire » à une dépression, à de l'angoisse... Dans ce cas, il faut d'abord s'intéresser à l'affection à l'origine de la consommation d'alcool.

autrui). Et la personnalité problématique est bien souvent ici une personnalité dite *addictive*, c'est-à-dire sujette à la dépendance.

Essayons de mieux comprendre ce mode de fonctionnement, ce qui vous permettra de le repérer éventuellement chez votre conjoint/votre parent/votre ami alcoolique.

Le terme de *personnalité addictive* regroupe en fait un vaste ensemble de comportements déviants divers, tels que les toxicomanies, l'alcoolisme, le tabagisme, le jeu pathologique (lorsque la personne ne peut pas s'empêcher de parier, de jouer des sommes astronomiques au casino, au Loto, etc., alors même qu'elle est endettée jusqu'au cou), voire les troubles des conduites alimentaires (boulimie en particulier), certaines conduites sexuelles ou relations amoureuses « aliénantes ». Pour la personne qui a une personnalité addictive, l'affectif (j'aime, j'ai envie) l'emporte sur le cognitif, le raisonné (je veux). Ce qui nous donne le schéma suivant :

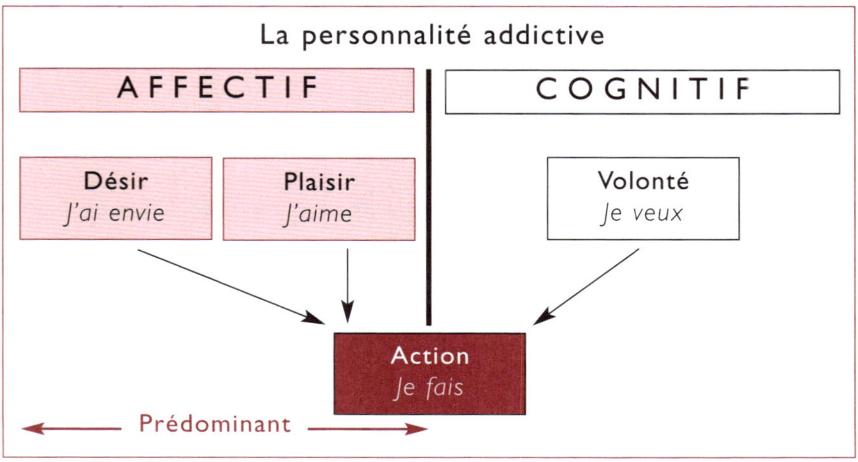

Observation ■ Observatio ■

Reconnaître la personnalité addictive

En fait, la personnalité addictive regroupe un ensemble de comportements communs, que Goodman (« Addiction : definition and implication », *British Journal of Addictions*, 1990, 85 : 1403-1408) a résumé de la façon suivante :

- Impossibilité de résister à l'impulsion de s'engager dans le comportement.
- Tension interne croissante avant d'initier le comportement.
- Plaisir ou soulagement au moment de l'action.
- Perte du contrôle dès le début du comportement.
- Présence de cinq des critères suivants, ou plus :

1. Préoccupation fréquente pour le comportement.

2. Engagement plus intense ou plus long que prévu.

3. Efforts répétés pour réduire ou arrêter.

4. Temps considérable passé à réaliser le comportement ou à se remettre de ses effets.

5. Réduction des activités sociales, professionnelles, familiales du fait du comportement.

6. L'engagement dans le comportement empêche de remplir les obligations sociales, familiales, professionnelles.

7. Poursuite du comportement malgré les problèmes sociaux, financiers, physiques qu'il engendre.

8. Agitation ou irritabilité s'il est impossible de réaliser le comportement.

On pourrait finalement comparer l'alcoolisme à la passion amoureuse, une passion à la fois destructrice et lucide. La Phèdre de Racine constitue un modèle illustrant cet attachement pathologique en raison de la nature physique, viscérale, du sentiment qu'elle éprouve pour son beau-fils :

> Je le vis, je rougis, je pâlis à sa vue ;
> Un trouble s'éleva dans mon âme éperdue ;
> Mes yeux ne voyaient plus, je ne pouvais parler ;
> Je sentis tout mon corps et transir et brûler.
> [...]
> Je reconnus Vénus et ses feux redoutables,
> Du sang qu'elle poursuit, tourments inévitables.

Croyez-moi, j'ai déjà entendu bon nombre de personnes alcoolo-dépendantes parler ainsi de leur bouteille !...

Quelles sont les causes de l'alcoolisme ?

Les causes de l'alcoolisme de votre conjoint/votre parent/votre ami sont multiples ; elles peuvent se retrouver autant dans la personne elle-même – aux niveaux génétique, biologique et psychologique – que dans son environnement – aux niveaux social et culturel. On retrouve ici un concept qui m'est cher : celui de l'origine bio-psycho-sociale de la plupart des troubles psychiques.

- Il existe au départ une fragilité biologique, qui définit ce que l'on appelle une vulnérabilité vis-à-vis de l'alcool (par exemple : si l'on prend dix individus différents à qui l'on va faire boire de l'alcool de façon régulière, seuls un ou deux vont devenir alcooliques, c'est-à-dire dépendants, présentant une *conduite addictive* ; fragiles au départ, vulnérables, ils font alors une rencontre fâcheuse avec le produit).
- À cette fragilité biologique va s'ajouter une fragilité psychologique, marquée par une personnalité addictive, par exemple.
- Enfin, une fragilité sociale vient compléter le tableau. Cette dernière est en relation étroite avec l'environnement et le niveau de stress de la personne (par exemple : problème de couple, chômage, etc.).

Lorsque la personne se retrouve au carrefour de ces trois ensembles, il y a de fortes chances pour qu'elle sombre dans l'alcoolisme.

L'intervention va donc devoir s'envisager à plusieurs niveaux, et prendre en compte les liens entre émotions, comportements et pensées, ainsi que leurs relations avec l'environnement et les facteurs biologiques.

Le bio-psychosocial

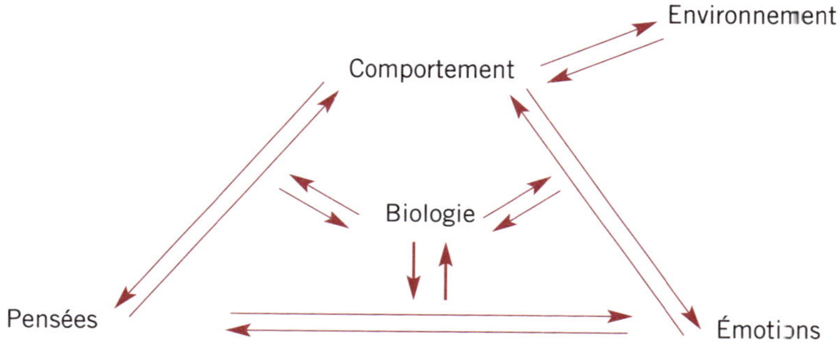

Connaître le fonctionnement d'une cellule du rein ne permet pas de comprendre comment elle va interagir avec les autres cellules du corps humain. De la même manière, connaître le fonctionnement d'une personne ne permet pas de comprendre comment elle va réagir dans son environnement habituel. Le schéma ci-dessus montre bien que l'on ne peut prendre en charge l'alcoolique que si on le considère au centre d'un réseau complexe. Aucune cause ne doit être laissée pour compte (cela ne sert à rien de donner un médicament à une personne alcoolique – c'est-à-dire que l'on agit au niveau biologique – si on ne comprend pas pourquoi elle boit – c'est-à-dire que l'on ne s'intéresse pas à sa personnalité et aux rapports qu'elle entretient avec son entourage).

Vivre dans le déni

Pour ne pas voir elles-mêmes qu'elles sont devenues dépendantes, les personnes alcooliques adoptent une attitude de défense déroutante pour leur entourage : le déni.

Ainsi, pour votre conjoint/votre parent/votre ami alcoolo-dépendant, le déni est une manière de justifier et de minimiser sa consommation d'alcool. Toutes les critiques et tous les reproches qui lui sont faits deviennent alors à ses yeux autant de raisons pour continuer de boire, car ils lui donnent l'impression d'être incompris, mal aimé et coupable. Les proches ont souvent le sentiment que l'alcoolique leur ment : en fait, il se ment à lui-même !

Car en définitive, aussi longtemps que la personne alcoolique se trouve des excuses pour boire, elle ne pourra pas aborder son vrai problème : la dépendance.

Quand le cerveau automatique s'emballe

Pour chacun de nous, l'activité de recherche de nourriture et de boisson passe nécessairement par la partie consciente et rationnelle du cerveau. En fait, le cerveau automatique*, lorsqu'il détecte un déficit, adresse un message au cerveau conscient, qui ressent alors un besoin impérieux : celui-ci va donc se mettre au service de l'approvisionnement.

Même s'il en a l'apparence, l'acte qui résulte de cela n'est donc pas un acte volontaire, car il n'est pas la conséquence d'un raisonnement logique : il s'agit d'un comportement. Sa caractéristique est qu'il cherche à être réalisé de

* Ce que j'appelle ici « cerveau automatique » correspond à tout ce que l'on ne maîtrise pas, ce qui fait fonctionner le corps sans faire intervenir la volonté.

façon impérieuse et compulsive, contre la raison et contre toute volonté contraire. C'est exactement ce qui définit le comportement de dépendance. Tout se passe donc comme si une force émanant du cerveau automatique exigeait un approvisionnement en une substance étrangère à l'organisme, comme si cette substance était indispensable à la survie.

Thermostat déréglé

Pour savoir ce qui se passe dans la tête de votre conjoint/votre parent/votre ami alcoolique, il est important de bien comprendre le fonctionnement du cerveau automatique. En fait, ce cerveau automatique est chargé normalement de tout ce qui concerne les régulations du corps humain. Sa mission est de maintenir un équilibre garantissant les meilleures conditions de fonctionnement de l'organisme. Or, à la base de toute régulation, on retrouve un thermostat. Ici, le thermostat est déréglé.

Pour ce qui concerne le comportement alimentaire, par exemple, on peut considérer qu'il est initié par un déficit qui s'exprime par un besoin : la faim. Le comportement compulsif de manger, qui satisfait un besoin vital, est récompensé par une sensation de plaisir, récompense qui garantit en quelque sorte que ce comportement surviendra à nouveau lorsque le besoin reviendra. Survient ensuite un rassasiement, qui arrête le comportement. Tenter de poursuivre le comportement est pénalisé au contraire par l'apparition d'un déplaisir, d'un dégoût (il en est ainsi dans la semaine qui suit les fêtes de Pâques, après tous les excès en chocolat, par exemple).

Ce rassasiement marque le début d'une période de satiété, qui se définit comme l'intervalle qui sépare la fin d'un repas du début du repas suivant. Ainsi, l'équilibre nutritionnel est assuré grâce à la répétition périodique d'un cycle besoin-comportement récompensé par un ensemble plaisir-rassasiement-satiété-besoin contrôlé par le cerveau automatique.

Tous dépendants...

Nous sommes dépendants d'une foule de choses : de l'eau que nous buvons, de l'air que nous respirons, de la température extérieure... La dépendance est un mécanisme normal, extrêmement puissant. Dans le cas de l'alcoolisme, une substance étrangère toxique – l'alcool – « pirate » ces cycles comportementaux au profit d'un « approvisionnement » qui n'est pas indispensable à la personne, et qui peut même lui être nocif.

La dépendance installée apparaît donc comme un système extrêmement complexe, où se mêlent et s'entrelacent des besoins primaires, de très nombreux facteurs biologiques, personnels, psychologiques, culturels, et l'influence des habitudes et des facteurs environnementaux et sociologiques.

La prise en charge de votre conjoint/votre parent/votre ami alcoolique devra donc tenir compte de tous ces aspects pour pouvoir atteindre un maximum d'efficacité.

L'alcool : une drogue ?

Généralement, l'une des toutes premières questions que l'on se pose lorsque son conjoint/son parent/son ami présente des problèmes d'alcool, c'est de savoir si l'on doit le considérer comme un « drogué ». En fait, dès qu'est abordée la question de la drogue, on pense immédiatement et sans hésitation à l'héroïne et à la cocaïne. On commence à hésiter avec le cannabis… Alors, faut-il inclure l'alcool dans cette grande famille de produits toxiques ? Cette interrogation est encore au centre de nombreux débats.

Qu'est-ce qu'une drogue ?

Les drogues ont-elles en commun d'être illégales ? Cette définition juridique a le bénéfice de la clarté, mais ne saurait pour autant satisfaire la personne qui cherche à comprendre le comportement d'un proche.

Ont-elles en commun d'être hors culture ? Certaines cultures tolèrent parfaitement l'usage de ce que nous qualifions de drogues dures, et d'autres se refusent à admettre l'alcool.

Ont-elles en commun de troubler le fonctionnement du cerveau, de faire « planer », de modifier la personnalité, voire de pousser à des excentricités ou à des actes répréhensibles ? Dans ce cas, il faudrait y inclure l'alcool.

Une drogue est-elle un produit dont on ne peut se passer facilement ? Il faut alors y inclure le tabac, bien qu'il ne perturbe en aucune façon le fonctionnement mental, mais en exclure le LSD, dont on ne fait le plus souvent qu'un usage occasionnel, voire unique.

Finalement, on s'aperçoit vite qu'il s'agit là d'un faux débat. En effet, il est préférable de s'attacher à la notion de dépendance, qui met l'accent sur le lien qui attache votre conjoint/votre parent/votre ami à la substance. En définitive, quel que soit le produit considéré, celui-ci n'est pas chargé d'une puissance maléfique qui aurait le pouvoir d'« accrocher » l'individu. C'est bien la personne qui s'accroche à lui. Et tout se passe au niveau du cerveau, comme nous venons de le voir !

Abstinence et rechute

Mais alors, l'alcool : drogue dure ? drogue douce ? produit qui rend dépendant ? Pour accompagner et soutenir votre proche au mieux, il peut être intéressant de connaître le schéma suivant, qui situe l'alcool par rapport à d'autres substances ou conduites qui entraînent une dépendance :

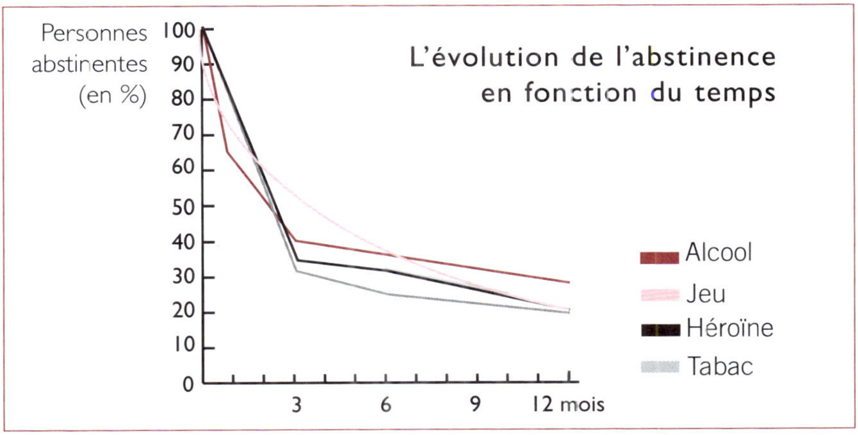

Les courbes du schéma de la page précédente illustrent l'abstinence de personnes qui s'arrêtent de boire, de fumer du tabac, de jouer au casino ou de se piquer à l'héroïne. Ce qui est étonnant, c'est qu'elles sont tout à fait superposables. Le taux de rechute à 6 mois (supérieur à 60 %) est identique, quel que soit le type d'addiction considéré. Ce qui suggère une part de mécanisme commun à toutes les dépendances. Mieux : on peut même constater que la courbe des personnes qui essayent de s'arrêter de jouer est comparable, bien qu'il n'y ait là aucun produit absorbé !

La force d'une addiction n'est donc pas dans l'ingestion d'un produit, mais dans le cerveau de la personne qui en est victime.

Ainsi, face à un proche alcoolo-dépendant qui se voit promettre des miracles par un praticien vantant une méthode infaillible, vous devez avant tout rester vigilant. Quel que soit le traitement envisagé, il faut savoir que les résultats obtenus dépendront essentiellement du degré de motivation de votre conjoint/votre parent/votre ami.

Ce que montrent les examens du cerveau

Aujourd'hui, de nombreux examens d'imagerie peuvent être utilisés pour avoir une idée de ce qui se passe dans le cerveau. Ainsi, si l'IRM (imagerie par résonance magnétique) et le scanner permettent d'avoir des images fixes mettant en évidence l'anatomie de l'homme, d'autres procédures rendent possible l'étude « en direct » de l'activité des diverses régions du cerveau.

Parmi ces techniques, je citerai juste le PET-Scan (tomographie par émission de positrons couplée au scanner), l'IRM fonctionnelle et la tomographie par émission monophotonique gamma (SPECT).

Pour réaliser de tels examens, on administre au patient un traceur légèrement radioactif dont on étudie le trajet dans l'organisme. Ce traceur va s'accumuler dans les régions « qui travaillent ». En résumé, on va mettre en évidence sur l'image obtenue les zones du cerveau qui sont actives lors de l'accomplissement d'une tâche particulière (ce sont les zones qui « s'allument » sur l'écran).

Lorsque l'on compare les images obtenues chez la personne alcoolo-dépendante à celles obtenues chez le sujet sain, on note une nette diminution d'activation des zones du cerveau.

Ce que vous devez savoir sur l'alcoolisme d'un proche

En premier lieu, vous devez savoir que l'alcoolisme d'un conjoint/d'un parent/d'un ami concerne toute la famille, l'ensemble des proches. La manière de penser et de vivre de l'entourage est souvent influencée par le comportement, les agissements et les réactions de la personne alcoolique. Dans la plupart des cas, on se sent désemparé face à la descente aux enfers d'un être cher.

Dans un premier temps, il importe donc de :

- **S'informer sur l'alcoolisme.**
- **Comprendre les rôles joués par chacun** (s'il est aisé de juger sévèrement ou de plaindre un

proche alcoolique, peut-être est-il plus difficile de se poser la question suivante : « Mon attitude vis-à-vis de lui est-elle adaptée ? »).

■ **Modifier son propre comportement.** Quel que soit votre ressenti, vous devez savoir qu'il est inutile, impossible de vouloir « empêcher l'autre de boire ». Un tel apprentissage est une étape difficile ; les proches ont souvent l'impression d'abandonner la personne alcoolique lorsqu'ils ne s'occupent plus de ses problèmes. C'est pourtant la seule manière de lui donner la volonté de réagir : refuser de subir les conséquences de ses alcoolisations en lui laissant la responsabilité de ses actes.

À savoir

On ne peut aider quelqu'un que si l'on est soi-même mentalement fort et équilibré. Il n'est pas facile de changer des habitudes profondément ancrées dans le quotidien. C'est pourquoi il faut chercher de l'aide à l'extérieur de la famille et en dehors des amis : briser le silence et l'isolement, c'est commencer à aider l'autre.

■ **Chercher de l'aide pour soi-même**, hors du cercle familial et/ou amical (éventuellement avec l'assistance d'un psy). Il est nécessaire que vous preniez du temps pour vous-même, pour vos propres besoins. Les groupes d'entraide sont alors des ressources importantes. Cela permet une autre compréhension, une autre écoute. Les services sociaux spécialisés, quant à eux, peuvent proposer une aide spécifique, dans la discrétion et le respect du secret professionnel, et aiguiller vers d'autres réseaux au besoin.

■ **Ne pas baisser les bras.** Lorsque l'entourage d'une personne alcoolique commence à modifier sa manière de se comporter (par exemple en prenant de la distance) vis-à-vis d'elle, celle-ci se sent insécurisée ; elle peut alors présenter des troubles du comportement divers et variés (devenir irritable, faire du « chantage au suicide », menacer de boire encore plus...), ce qui est très difficile à vivre au quotidien pour les proches. Il faut cependant garder espoir et courage : cette crise est en quelque sorte la preuve qu'un changement est en train de s'opérer chez la personne dépendante. Le rétablissement est long ; avec toute l'assistance nécessaire (psychologue, médecin, groupe de soutien...) vous devez faire preuve de patience et de compréhension, tout en gardant en tête l'objectif qu'il est tout à fait possible d'atteindre : l'abstinence du conjoint/du parent/de l'ami.

À savoir

Il n'est pas rare que les proches d'une personne alcoolo-dépendante cautionnent ses actes ou les cachent, généralement « pour la protéger ». Mais en voulant aider le conjoint/le parent/l'ami alcoolique de cette manière, son entourage renforce son comportement.

Que faire dans un premier temps ?

■ **Parlez**. Le silence est parfois aussi nocif que l'alcoolisme lui-même ! Ne restez pas spectateur silencieux de la descente aux enfers de votre conjoint/votre parent/votre ami : les raisons de « ne pas voir » sont nombreuses, évidentes et compréhensibles. Cependant, sachez que la politique de l'autruche n'est jamais payante sur le long terme, et que chaque jour votre conjoint/votre parent/votre ami s'enfonce un peu plus dans la dépendance alcoolique. Avant qu'il ne soit trop tard et que votre proche ne bascule dans une autodestruction effrénée, la mise en place d'un dialogue peut déclencher une certaine prise de conscience vis-à-vis de sa consommation excessive d'alcool. Choisissez le meilleur moment pour discuter : les périodes de consommation massive ou d'ivresse sont à éviter !

■ **Ne cachez pas les bouteilles d'alcool, ne mettez pas votre cave sous clé** : un tel comportement infantilise votre proche alcoolique et fausse dès le départ une relation d'aide fondée sur la confiance réciproque. Mieux vaut éviter les tentations (en se débarrassant des bouteilles entamées, par exemple). Par ailleurs, la plupart des personnes alcooliques ne se servent que très rarement dans le placard de la maison (l'alcool est généralement consommé au bistrot, ou acheté dans un supermarché avant de rentrer chez soi).

À savoir

Le chemin qui mène à l'abstinence est long, tortueux, et souvent émaillé de réalcoolisations plus ou moins ponctuelles… La personne alcoolique va devoir faire d'immenses efforts, et faire preuve de volonté pour combattre ses anciennes habitudes. Vous devez absolument en être conscient pour pouvoir lui apporter votre soutien et l'encourager lorsqu'elle va rencontrer une difficulté.

■ **Ne tentez pas votre proche** : renoncez vous-même à consommer du vin de manière systématique au cours des repas en sa présence, évitez les apéritifs alcoolisés entre copains lorsqu'il est présent… À table, privilégiez l'eau.

■ **Essayez de convaincre votre conjoint/votre parent/votre ami de suivre une cure de sevrage dans un centre de soins adapté** : contactez votre médecin traitant pour lui demander conseil, et faites-lui part de vos inquiétudes. Souvenez-vous que, tant qu'une personne alcoolique n'a pas (ou ne veut pas avoir) conscience de sa dépendance, elle n'est pas prête à effectuer une cure. Aucun sevrage ne pourra marcher si votre proche n'est pas motivé, si sa démarche n'est pas volontaire. Contrairement à l'avis de certains de mes collègues – une minorité, heureusement –,

Observation ■ Observation ■

Quelques données de base

- La personne alcoolique (ou alcoolo-dépendante) a perdu la liberté de boire : elle n'a plus le choix de consommer par plaisir ou par envie, elle a **besoin** de l'alcool.

- L'alcoolisme repose bien sûr sur la quantité d'alcool ingérée quotidiennement, mais pas uniquement : l'environnement et la personnalité de l'individu sont tout aussi importants.

- La quantité d'eau ajoutée n'a aucun effet sur la quantité totale d'alcool ingérée. À ce titre, un verre de vin peut tout à fait être équivalent à un verre de pastis (qui n'est pas moins alcoolisé avec beaucoup d'eau) ou à un demi de bière. Il est important de se rappeler que les produits suivants contiennent tous la même quantité d'alcool pour une consommation standard : bière (5 % vol), champagne et vin de table (12 % vol), apéritif (20 % vol), digestif (40 % vol). En effet, 25 cl de bière équivalent à 10 cl de champagne ou de vin, à 6 cl d'apéritif et à 3 cl de digestif.

- Dans le cadre d'une consommation régulière, les femmes sont plus vulnérables que les hommes, les quantités tolérées par l'organisme étant plus faibles pour celles-ci.

- Dans le cadre d'une consommation occasionnelle, il n'existe pas de frontière nette entre une consommation d'alcool sans risque et une consommation dangereuse. On peut toutefois dire que plus on dépasse les limites recommandées et plus les risques (de violence, d'accident de la circulation, d'accident de travail, de chute, de maladie cardio-vasculaire ou de trouble psychique) augmentent.

je suis profondément persuadé qu'il ne sert à rien de faire hospitaliser une personne sous contrainte en psychiatrie (en HO, hospitalisation d'office, ou en HDT, hospitalisation à la demande d'un tiers) « pour qu'elle arrête de boire ». Admettons que cette hospitalisation dure une année (ce qui est improbable) ; au moment de sa sortie, un an et un jour plus tard, la personne s'enivrera à nouveau si elle n'était pas motivée pour stopper sa consommation d'alcool. La décision de suivre une cure, elle doit la prendre pour elle, pas pour vous faire plaisir ou pour ses enfants, sa famille…

L'exemple de…

Didier arrête de boire pour faire plaisir à sa femme, car « il l'aime » et « elle est formidable ». À la suite d'une dispute banale avec celle-ci, que pensez-vous qu'il va faire ?… Il va se tourner vers sa maîtresse de toujours, à qui il voue un amour inconditionnel et destructeur : la bouteille !

■ **Protégez-vous : posez des limites !** Ne vous isolez pas, gardez une vie sociale. Il est important pour vous de maintenir vos activités habituelles et de privilégier une bonne hygiène de vie : une alimentation saine et équilibrée, un rythme de sommeil régulier et une éventuelle pratique sportive modérée vous aideront à ne pas « plonger » avec votre proche alcoolique. Surtout, essayez de maintenir certaines règles incontournables : vous n'êtes pas censé tout accepter ! Ainsi, un comportement inadapté, d'éventuelles violences verbales et/ou

À savoir

Prenez contact avec une association regroupant des personnes alcoolo-dépendantes et leurs proches : de précieux conseils pourront vous être donnés. N'oubliez pas que les anciens buveurs ont un parcours généralement tumultueux qui peut servir d'exemple (en particulier, ils peuvent vous expliquer « ce qu'il ne faut pas faire »).

physiques, des alcoolisations massives au domicile… ne sont pas tolérables. N'oubliez pas qu'un jour passé à « ne pas voir » est un jour de plus passé à boire pour votre proche.

Pour mieux situer le problème

L'état des lieux en France

Il est tout à fait naturel de vous inquiéter si vous pensez que votre conjoint/votre parent/votre ami est alcoolique. En effet, l'alcool est responsable d'un peu plus de 45 000 décès chaque année en France. Parmi ceux-ci, 23 000 lui sont directement liés : décès par cancer, par cirrhose du foie ou par mort prématurée liée à une consommation excessive. L'alcool est également à l'origine d'un tiers des accidents mortels de la route, de 10 à 20 % des accidents du travail, de 20 % des délits.

Avec environ 11 litres d'alcool pur par an et par habitant (par comparaison, un Suédois de plus de 15 ans en absorbe 4,9 litres...), la France est en tête des pays consommateurs en Europe.

Moins spectaculaire que l'alcoolisme, l'alcoolisation (c'est-à-dire la consommation régulière d'alcool, généralement quotidienne, sans ivresse) devient l'une des principales préoccupations des campagnes de prévention actuelles. L'alcoolisation concerne des personnes qui se sentent bien loin du « poivrot » collé au comptoir ; pourtant, elles sont sujettes à une dépendance inavouée.

Cette consommation régulière a un poids considérable dans le nombre de décès prématurés, mais aussi dans les conflits et les violences sociales et familiales.

L'exemple de...

Jean-Marie, 47 ans, hospitalisé pour une cirrhose du foie associée à une pancréatite (maladies classiquement trouvées chez des personnes alcooliques depuis plusieurs années). Son discours était le suivant : « Mais, docteur, je ne suis pas alcoolique. Je ne bois que deux verres de vin à chaque repas... » Le problème, c'est que Jean-Marie buvait effectivement deux grands verres de rosé le midi et le soir (ce qui n'est déjà pas négligeable en soi), mais qu'en plus – et il faut alors se méfier de l'aspect « traditionnel » et culturel de nos habitudes, car dans notre société l'alcool a toujours une représentation sociale positive et fait partie intégrante des réunions festives entre amis – il consommait trois ou quatre pastis à l'apéritif (« Avec les copains, on paye la tournée chacun son tour. »), et finissait la plupart de ses repas par quelques digestifs bien forts (« Un petit pousse-café, ça n'a jamais tué personne. »).

Les adolescents et les jeunes adultes boivent quant à eux de façon ponctuelle, mais généralement excessive : se saouler fait bien souvent partie intégrante de la fête (il n'y a qu'à voir l'état de certains noctambules sur les parkings des boîtes de nuit, à une heure avancée...). S'amuser devient alors synonyme de consommation d'alcool, et bien souvent de haschisch, lorsque les deux substances ne sont pas associées (88 % des fumeurs de joints absorbent également de l'alcool)... Actuellement, les jeunes boivent moins que leurs aînés, mais ils ont davantage tendance à rechercher l'ébriété. Toutes les enquêtes réalisées en ce domaine mettent en évidence une augmentation de la consommation d'alcool au sein de la population âgée de 14 à 20 ans. Seuls 18 % des jeunes de 20 ans ne boivent jamais. 50 % consomment de l'alcool au moins une fois par semaine. Et il faut savoir que les alcools forts ont aujourd'hui les faveurs de 64 % des garçons et des filles âgés de 17 ans.

L'alcool et la conduite automobile

Le célèbre slogan de la Prévention routière des années 1970, « Boire ou conduire, il faut choisir », reste d'actualité. Et contrairement à ce nombreuses idées reçues, il n'y a pas de « trucs » pour accélérer la disparition de l'alcool dans le sang. Après une première phase rapide (de deux à trois heures), la décroissance de l'alcoolémie (taux d'alcool dans le sang exprimé en gramme d'alcool par litre de sang) devient lente et peut s'étaler sur plusieurs heures en fonction de la quantité d'alcool ingérée. Elle est estimée par une valeur moyenne de 0,15 g/l par heure.

Il existe une grande variabilité des effets de l'alcool selon la personne, variabilité qui dépend notamment de ses habitudes de consommation, de son sexe et de sa corpulence. Cependant, le fait qu'une atteinte des capacités mentales existe pour des alcoolémies parfois peu élevées fait se poser le problème du handicap lors de la réalisation de tâches aussi complexes que celles imposées par la conduite automobile (attention, vigilance, anticipation, motricité...).

Les règles relatives à la conduite automobile sous l'emprise de l'alcool sont claires, précises et incontournables. Le juge peut même, le cas échéant, recourir à une obligation de soins et orienter la personne vers une prise en charge médicale pour ce qui concerne ses problèmes d'alcool.

Observation ■ Observation ■

Après deux verres, tout s'accélère...

Les effets de l'alcool sur le comportement en général et sur la conduite automobile en particulier sont les suivants.

De 0,5 à 0,8 g par litre de sang :

- phase d'excitation, qui se caractérise par une impression de facilité intellectuelle et relationnelle, avec désinhibition du comportement ; cette sensation proche de l'euphorie trompe le conducteur sur ses possibilités de conduite ;
- perturbation de l'évaluation des risques et tendance à transgresser les interdits ;
- altération de la vigilance ;
- allongement du temps de réaction, diminution des réflexes ;
- rétrécissement du champ visuel (vision « en tunnel ») et mauvaise appréciation des distances ;
- augmentation sensible de l'éblouissement en conduite de nuit.

De 0,8 à 2 g par litre de sang :

- aggravation de toutes les anomalies déjà citées ;
- disparition des inhibitions, avec libération des pulsions agressives.

Au-delà de 2 g par litre de sang :

- ivresse confirmée ;
- l'effet de l'alcool devient sédatif et les troubles de la vigilance peuvent aller de la simple confusion au coma ;
- réduction de l'activité relationnelle ;
- éventuellement, délire, avec hallucinations et troubles du comportement.

Sanctions maximales prévues en cas de conduite sous l'emprise de l'alcool

Alcoolémie		Infractions Points	Amende	Prison	Permis
de 0,5 à 0,79 g/l de sang ou de 0,25 à 0,39 mg/l d'air expiré	Sans accident	Contravention 4e classe Tribunal de police – 3 points	137,20 € Plus en cas de récidive	–	Suspension facultative pour 1 an
	Avec accident	Délit Tribunal correctionnel – 8 points	Blessure* : 30 490 € Décès : 45 734 €	2 ans 3 ans	Suspension facultative pour 3 ans
0,8 g/l de sang et plus ou 0,4 mg/l d'air expiré et plus	Sans accident	Délit Tribunal correctionnel – 6 points	4 500 € 9 147 € si récidive	2 ans 4 ans si récidive	Suspension ou annulation facultative pour 3 ans
	Avec accident	Délit Tribunal correctionnel	Blessure* : 60 980 € Décès : 91 470 €	4 ans 6 ans	Annulation pour 5 ans Annulation pour 10 ans si récidive

* Blessure entraînant une incapacité de travail de plus de 3 mois.

La conduite automobile implique de nombreuses tâches qui nécessitent une adaptation constante. Pour conduire de façon sûre, il est nécessaire de rester vigilant, de prendre des décisions fondées sur des informations en évolution constante, et d'agir en fonction de ces informations. Outre la capacité même à contrôler la voiture, l'alcool affecte d'autres aspects de la conduite comme l'anticipation, la prise de décision, l'agressivité et la prise de risque. L'alcool est responsable d'un tiers des accidents mortels sur la route. La prévention du risque alcool est l'affaire de tous, car n'importe qui peut être concerné directement ou indirectement par ce problème. Il ne s'agit alors pas de condamner votre proche alcoolique qui veut conduire sa voiture, mais bien de prendre en compte sa consommation d'alcool en général, et d'éviter qu'il ne mette sa vie et celle des autres en danger.

Dans tous les cas, « celui qui conduit, c'est celui qui n'a pas bu ».

A G I R

Une fois le diagnostic posé, il est nécessaire de bien comprendre le rôle majeur que vous avez à jouer dans la prise de conscience et l'accompagnement de votre conjoint/votre parent/votre ami alcoolo-dépendant. Accompagner et soutenir, oui, mais pas n'importe comment. Gardez à l'esprit que vous n'êtes ni le psychothérapeute ni le médecin prescripteur. Quelques règles doivent être respectées en la matière…

Votre proche est alcoolique

Des critères objectifs

Pour poser un diagnostic, il faut pouvoir se référer à des critères reconnus par tous, quel que soit le pays.

Le DSM IV (*Manuel diagnostique et statistique des troubles mentaux*, quatrième édition) définit la dépendance à une substance.

Critères de dépendance à une substance (selon le DSM IV)

La dépendance à une substance est le mode d'utilisation inadapté de celle-ci conduisant à une altération du fonctionnement ou à une souffrance, cliniquement significative, caractérisée par la présence de trois (ou plus) des manifestations suivantes, à un moment quelconque d'une période continue de douze mois.

■ Tolérance, définie par l'un des symptômes suivants :

– besoin de quantités notablement plus fortes de la substance pour obtenir une intoxication ou l'effet désiré ;

– effet notablement diminué en cas d'utilisation continue d'une même quantité de la substance.

■ Sevrage, caractérisé par l'une ou l'autre des manifestations suivantes :

– syndrome de sevrage caractéristique de la substance (voir critères du sevrage alcoolique) ;

Observation ■ Observation ■

Critères de sevrage alcoolique

Les effets de l'alcool sur la santé de chaque consommateur ne sont pas évaluables *a priori*. Il existe une vulnérabilité individuelle des sujets vis-à-vis de l'alcool en tant que toxique. Cette vulnérabilité, liée à la quantité de toxique ingérée et à la durée de la consommation, reste individuelle, non prévisible et s'exprime de différentes manières.

Les critères du sevrage alcoolique sont :

- Arrêt (ou réduction) d'une utilisation d'alcool qui a été massive et prolongée.

- Au moins deux des manifestations suivantes se développent de quelques heures à quelques jours après le premier critère :

• hyperactivité neurovégétative (il s'agit d'un emballement du système nerveux autonome, système nerveux que l'on ne contrôle pas et qui régule la respiration, les battements du cœur, la pression artérielle..., qui peut se traduire par une transpiration ou une fréquence cardiaque supérieure à 100) ;

• augmentation du tremblement des mains ;

• insomnie ;

• nausées ou vomissements ;

• hallucinations ou illusions transitoires visuelles, tactiles ou auditives ;

• agitation psychomotrice ;

- anxiété ;

- crises convulsives de type grand mal, qui sont les crises d'épilepsie généralisées.

➧ Les symptômes du deuxième critère causent une souffrance cliniquement significative ou une altération du fonctionnement social, professionnel, ou dans d'autres domaines importants.

➧ Les symptômes ne sont pas dus à une affection médicale générale, et ne sont pas mieux expliqués par un autre trouble mental. Bien entendu, dans ce cas, le médecin devra éliminer un autre diagnostic éventuel.

– la même substance (ou une substance très proche) est prise pour soulager ou éviter les symptômes de sevrage.

■ La substance est souvent prise en quantité plus importante ou pendant une période plus prolongée que prévu.

■ Il y a un désir persistant, ou des efforts infructueux, pour diminuer ou contrôler l'utilisation de la substance.

■ Beaucoup de temps est consacré à des activités nécessaires pour obtenir la substance (par exemple, déplacements sur de longues distances), à utiliser le produit (par exemple, boire sans discontinuer) ou à récupérer de ses effets.

■ Des activités sociales, professionnelles ou de loisirs importantes sont abandonnées ou réduites à cause de l'utilisation de la substance.

■ L'utilisation de la substance est poursuivie bien que la personne sache avoir un problème psychologique ou physique persistant ou récurrent susceptible d'avoir été causé ou exacerbé par la substance (par exemple, poursuite de la prise de boissons alcoolisées bien que le sujet reconnaisse l'aggravation d'un ulcère du fait de la consommation d'alcool).

Vous devez savoir que le médecin en charge de votre conjoint/votre parent/votre ami va se référer à ce type de classification pour établir son diagnostic. En pratique, la totalité des critères précédents est rarement présente, mais il est important de les connaître, car, pour parler d'alcoolisme, il faut en retrouver un certain nombre (trois ou plus) : la présence d'un seul ne permet pas de trancher.

La prise de conscience

Partager le quotidien d'une personne alcoolo-dépendante est une épreuve difficile à vivre, quasiment insurmontable. Le diagnostic tant redouté – bien que l'entourage le soupçonne depuis plusieurs mois – tombe comme un couperet : votre conjoint/votre parent/votre ami est alcoolique !

Tentons de réfléchir ensemble sur les implications d'une telle annonce. Tout le fonctionnement familial est alors remis en cause, et va devoir se réorganiser peu à peu. Dans un tel contexte, il est important d'avoir conscience de certains points fondamentaux Prenons quelques exemples qui vous permettront de mieux cerner les erreurs à ne pas commettre et les comportements à adopter pour éviter la survenue d'une situation de crise dont il sera ensuite difficile de vous extraire.

L'exemple de…

Christophe, âgé de 36 ans. Depuis l'âge de 17 ans, Christophe consomme de l'alcool de manière quotidienne. Son père était souvent absent, sa mère très autoritaire. D'un caractère plutôt timide, Christophe met un terme à sa scolarité en classe de première. Peu soutenu par ses parents et encouragé par ce qu'il appelle « des mauvaises fréquentations » (divers consommateurs de cannabis et/ou de drogues dures), il commence à travailler et trouve rapidement un emploi de magasinier dans une grande surface. Son salaire lui sert principalement à acheter de la bière et du whisky en grandes quantités, et sa consommation augmente progressivement sans qu'il s'en rende compte. Aujourd'hui, marié et père de deux enfants, il est alcoolo-dépendant. Il est souvent absent de chez lui, passant ses soirées au bar après sa journée de travail et ne rentrant au domicile familial que tard dans la nuit, complètement ivre. Il lui est arrivé, suite à divers ultimatums posés par son épouse, de passer quelques jours sans toucher une goutte d'alcool. Dans ces cas-là, il se retrouve très vite « en manque », présentant un syndrome de sevrage : tremblements, sueurs très importantes, angoisse majeure et palpitations cardiaques le poussent à consommer de nouveau.

Comment s'installe la dépendance

Le cas de Christophe est assez typique et tout à fait illustratif du cercle infernal qui se met en place chez la personne alcoolique. On boit pour fuir ses problèmes, se donner du courage, et finalement on boit parce qu'on ne peut plus s'arrêter de boire ! Il n'y a plus aucune notion de plaisir, on est dans un contexte de besoin : la dépendance s'est installée. Poser un ultimatum exigeant l'arrêt brutal de la boisson ne sert alors plus à grand-chose. Mais si l'épouse de Christophe le soutient dans un projet de cure de sevrage effectuée en milieu spécialisé, il aura de grandes chances de s'en sortir (à partir du moment où lui-même est motivé, bien entendu).

La culpabilité

La personne alcoolique a naturellement tendance, pour se donner bonne conscience, à rendre les autres responsables de son propre comportement (parfois même, ce sont les circonstances extérieures qui, selon elle, la poussent à se noyer dans la bière, le vin ou le whisky). Et dans ce contexte, il est tout à fait naturel que face à une telle attitude vous vous sentiez coupable, fautif, voire responsable des ivresses massives et régulières de votre conjoint/votre parent/votre ami. Ainsi, on peut parfois assister à de véritables manœuvres de manipulation – plus ou moins conscientes – dont le but est de permettre de garder la tête haute face à l'entourage familial, professionnel ou amical. En résumé, « si c'est la faute des autres, je n'y suis pour rien ».

L'exemple de...

Florence, mariée à Cyril depuis dix ans. Ils ont deux enfants âgés de 8 et 5 ans. L'alcoolisme de Cyril met Florence hors d'elle, si bien qu'elle est en colère quasiment tous les jours. Et à chaque fois, le schéma est le même. Le jeune homme rentre de son travail avec un pack de six canettes de bière ; son épouse exprime vivement son mécontentement, sachant exactement comment cela va se terminer : Cyril va s'asseoir dans son fauteuil devant la télévision, puis il va boire tant qu'il ne s'endormira pas, complètement ivre (généralement, il « descend » ses six canettes). Alors, lorsqu'elle le voit rentrer avec son pack, Florence explose : « Ah non ! Tu ne vas pas encore te saouler ce soir ! » Cyril, se sentant agressé, rétorque aussitôt : « De toute façon, c'est toujours pareil ! Tu es d'une humeur de chien, une vraie mégère ! Tu m'étouffes, et si tu n'étais pas toujours après moi, je ne boirais qu'une bière ou deux. En fait, je bois pour oublier l'enfer que tu me fais vivre à la maison ! » Peu à peu, la tension monte entre les deux époux et la situation dégénère rapidement. La dispute s'arrête lorsque Cyril sort en claquant la porte pour aller rejoindre ses amis au bar du quartier...

Essayons d'analyser un peu cette situation. Comment Florence pourrait-elle éviter d'arriver au clash avec Cyril ? Comment faire pour ne pas détériorer la relation avec son mari ? Et surtout, comment ne pas porter la culpabilité des alcoolisations massives et régulières de Cyril ?

Au départ, il faut être conscient du fait que Cyril est le seul véritable responsable de sa consommation d'alcool. Admettons qu'il vive l'enfer chez lui ; quoi qu'il en soit, personne ne le pousse à boire. Il n'y a aucune relation de cause à effet ! C'est lui qui prend la décision d'acheter de la bière, en sachant pertinemment que ce comportement va donner lieu à une violente dispute. Mais son épouse lui offre la possibilité de se déculpabiliser et de ne pas assumer ses actes.

Si Florence restait maîtresse d'elle-même, Cyril serait alors confronté à ses responsabilités. Il n'aurait personne sur qui rejeter la faute, il ne pourrait la tenir responsable de sa propre consommation d'alcool.

Bien entendu, la colère de la jeune femme se justifie tout à fait. Il est normal qu'elle éprouve, face à une telle situation, du chagrin, de la colère, de l'angoisse... Cependant, à partir du moment où elle intégrera qu'elle ne pourra pas changer les choses si Cyril n'en a pas envie, elle pourra essayer d'agir différemment. Lorsqu'elle comprendra que le cycle infernal commence bien avant que son mari ne rentre à la maison (en fait, tout commence dès que Cyril pénètre dans le supermarché pour acheter sa bière), elle pourra raisonner d'une autre manière. L'envie – le besoin – d'alcool est à l'origine d'une dynamique qui pousse inexorablement le jeune homme à agir de la sorte, car dans ce cas de figure – un peu comme pour un toxicomane à l'héroïne « en manque » – plus rien d'autre que le produit n'a d'importance. Le seul objectif de Cyril est de faire taire la souffrance liée à la privation. Et cette souffrance ne s'apaisera que lorsqu'il se retrouvera complètement ivre, endormi sur son fauteuil devant la télévision. C'est inévitable, aussi longtemps que le jeune homme ne sera pas motivé pour s'en sortir !

Comment réagir ?

Dans un tel contexte, que doit faire Florence ? Doit-elle accepter sans rien dire un tel comportement de la part de son mari ? Certainement pas ! Il est important qu'elle exprime sa désapprobation, mais d'une manière plus constructive. Par exemple, la jeune femme pourrait aller passer la soirée chez des amis avec ses enfants, les emmener au cinéma, avoir des activités avec eux hors de la maison... La reprise d'une certaine indépendance serait alors le moyen de se protéger et de protéger ses enfants (qui n'ont pas à subir le spectacle d'un père ivre) tout en pensant un peu à elle. Elle condamnerait ainsi le comportement de son mari sans lui donner l'occasion de se poser en victime (ce qui équivaut à le responsabiliser).

Une telle attitude serait en définitive beaucoup plus adaptée : Cyril, se retrouvant tout seul, ne pourrait plus accuser personne de le pousser à boire. Il ne s'agit aucunement pour Florence de laisser tomber son époux ; l'objectif de la jeune femme est simplement de ne plus se laisser détruire par une situation qu'elle n'a pas choisie.

Le jour où Cyril se rendra compte qu'il est en train de tout perdre, alors il sera temps de prendre une décision et d'envisager une cure de sevrage (mais dans ce cas, ladite décision viendra de lui). À partir de ce moment-là, il sera important que Florence le soutienne.

De la honte à l'omerta

Vivre avec une personne alcoolique peut se traduire par le silence, l'isolement, voire la disparition de toute vie sociale. Cette situation peut toucher tout l'entourage : un sentiment de honte envahit les proches, qui ont alors tendance à s'imposer une véritable omerta. On veut cacher l'alcoolisme du conjoint/du parent/de l'ami, voire dans certains cas les violences qui en découlent, situation qui nécessite le maintien d'un silence total concernant ce fait, bien souvent associé à un isolement social.

De peur d'être montré du doigt, de peur que le proche alcoolique ne soit jugé défavorablement, par honte aussi, on fuit toutes les relations sociales. « Comment pourrait-on aller à l'anniversaire de notre ami Robert, alors que l'on sait très bien que papa va finir sous la table, ou qu'il va encore faire un scandale ? » ; « On ne peut plus inviter personne à la maison. On ne sait jamais dans quel état on va retrouver maman en rentrant de l'école. » Petit à petit, l'entourage de la personne alcoolique se retrouve coupé du monde...

L'exemple de...

Pascal et Sandrine, mariés depuis treize ans. Ils ont trois enfants, âgés de 4, 9 et 11 ans. Ils vivent dans un petit village de l'arrière-pays niçois, à Tourrettes-sur-Loup. C'est le jour de la fête de la violette, qui a lieu une fois l'an et qui rassemble tous les villages alentour. Les trois enfants de Pascal et Sandrine veulent aller voir les animations et participer aux réjouissances. Le seul problème, c'est que la jeune femme a commencé à fêter l'événement il y a deux jours, absorbant quasiment sans discontinuer pastis, vodka et gin. Son mari est inquiet à l'idée de la laisser seule à la maison pour aller faire le tour du village avec les enfants. Il ne souhaite pas non plus qu'elle les accompagne, de peur que les gens la voient dans cet état : Pascal est un architecte connu et respecté dans la région. Il demande donc à sa voisine d'accompagner les petits à la fête ; il restera pour sa part avec Sandrine, donnant pour excuse le fait qu'elle est « souffrante ».

Pascal pourrait-il avoir une autre attitude ? Bien entendu ! S'il fait le point sur sa réaction, il va vite s'apercevoir qu'elle est intimement liée au sentiment de honte qu'il éprouve vis-à-vis du comportement de son épouse. Il remarquera également qu'il craint le jugement des autres : « Que vont dire mes clients, et le reste du village ? » Le jeune homme a l'impression que, si les gens étaient au courant de la situation, il perdrait toute crédibilité professionnelle.

Trouver la bonne distance

L'objectif pour Pascal est en définitive de reconnaître qu'il ne doit pas assumer le comportement déviant de son épouse. Le problème, lorsque l'on a un conjoint/un parent/un ami alcoolo-dépendant, c'est que l'on a du mal à trouver la « bonne distance » à adopter vis-à-vis de lui. Les proches ont souvent le sentiment de se laisser envahir, quitte ensuite à reprocher à la personne cet état de fait (« De toute façon, on ne peut jamais rien faire, jamais sortir, jamais voir d'amis, tu es toujours ivre morte ! »). Pascal va devoir « défusionner » la relation qu'il entretient avec sa femme.

Il va devoir prendre conscience de ses propres désirs, de ses propres besoins, et agir en fonction de ceux-ci.

Vivre avec une personne alcoolo-dépendante n'est pas quelque chose d'évident, mais cela peut être possible si l'entourage apprend à faire la distinction entre ce qui relève de la personne elle-même et ce qui relève des effets propres de l'alcool. Je m'explique : Sandrine, en dehors des périodes au cours desquelles elle passe ses journées couchée à tenir un discours incohérent, la tête embrumée par tous les verres qu'elle a ingurgités, est une maman aimante et pleine d'attention. Il est important que Pascal reconnaisse que, lorsque son épouse est abstinente, elle est intéressante, très humaine, ouverte aux autres et vive d'esprit.

Le cas de Pascal et Sandrine est assez illustratif : il montre comment le silence et l'atteinte de la vie sociale s'inscrivent peu à peu dans une dynamique qui touche l'ensemble de l'entourage d'une personne alcoolo-dépendante. La seule issue permettant de sortir de cette impasse, c'est de briser le silence et de préserver les contacts sociaux. Pour parvenir à le faire, les proches doivent dans un premier temps faire part ouvertement à la personne concernée de leurs difficultés, de ce qu'ils ressentent, de leur souffrance.

À savoir

Le moment doit être choisi pour évoquer avec un proche la souffrance que vous fait vivre l'alcoolisme de l'autre : une discussion ne peut avoir lieu que lorsque le conjoint/le parent/l'ami est sobre, et qu'il est capable de comprendre l'importance des propos tenus.

Dans un deuxième temps, il est vivement conseillé de faire appel à un professionnel, qui permettra aux proches de parler de tout cela dans un cadre neutre et empathique.

La honte et les regrets

Les jours qui suivent une consommation massive ne sont pas évidents pour la personne alcoolo-dépendante : harcelée par les regrets et par un profond sentiment de honte*, elle a tendance à « en faire trop ». Les bonnes résolutions sont si extrêmes qu'elles sont impossibles à tenir ; les excuses sont fréquentes, mais n'ont plus réellement d'impact ; les cadeaux aux proches sont somptueux, mais... En définitive, la dépendance se révèle malheureusement trop forte, et ce tableau idyllique ne dure pas.

Le cycle se répète inlassablement, jusqu'à ce qu'une prise de conscience permette à la personne de sauter le pas et de finalement faire appel à une aide extérieure.

* Pour certains auteurs, la personne alcoolo-dépendante est rongée par la honte, mais pas par la culpabilité, ce qui expliquerait en partie les nombreuses rechutes.

L'exemple de...

Michel, alcoolo-dépendant depuis plus de quinze ans. Marié à Hélène, il lui arrive de passer plusieurs jours sans rentrer à leur domicile, n'ayant à son retour quasiment aucun souvenir de ce qui s'est passé. Inutile de vous décrire l'état d'inquiétude dans lequel se trouve son épouse à ces moments-là. Au cours de ses escapades destructrices, il se fait voler sa carte bancaire, ses papiers d'identité, sa montre... De plus en plus régulièrement absent de son travail (il est directeur adjoint dans une parfumerie), il a déjà reçu deux avertissements de la part de son patron (au troisième, c'est la porte). Hélène est complètement désemparée ; elle ne sait pas quoi faire pour aider son mari à s'en sortir. À plusieurs reprises, elle lui demande de cesser sa consommation et d'aller consulter pour ses problèmes d'alcool. Et à chaque fois, Michel demande pardon, promet, jure... puis recommence à boire. Il tolère très mal l'abstinence, et au bout de quelques heures à peine il replonge. Ses regrets sont sincères, mais ils ne font pas le poids face à la dépendance qui l'aliène à la bouteille...

Dans une telle situation, quelle peut être l'attitude la plus adaptée pour Hélène ? En définitive, la jeune femme va, de manière intuitive, opter pour la seule solution qui s'offre à elle. En fait, les alcoolisations répétées de son mari l'ont minée au fil des ans. Se sentant impuissante, incomprise et rejetée dans sa vie de couple, elle en arrive à faire une tentative de suicide. Hospitalisée en psychiatrie durant deux semaines pour dépression, elle met à profit ce séjour à l'écart de son mari (qui est trop saoul pour pouvoir lui rendre visite) pour faire le point sur sa situation. Et finalement, ce qui ressort des réflexions d'Hélène, c'est qu'elle doit avant tout se préserver. Elle a le droit de prétendre à une vie plus saine, et elle possède toutes les ressources pour pouvoir faire face à une telle situation sans y laisser sa santé mentale. En quelque sorte, c'est l'instinct de survie d'Hélène qui la guide : elle prend la décision de quitter Michel pour un temps afin de se remettre psychologiquement. Elle explique à son mari qu'elle est toute disposée à envisager à nouveau une vie commune s'il se prend en charge et qu'il accepte enfin de se faire soigner pour son problème d'alcool.

Bien évidemment, la décision que la jeune femme a prise n'est pas une tentative de manipulation destinée à forcer son compagnon à se sevrer : elle s'inscrit véritablement dans une dynamique de survie et de recherche d'un mieux-être personnel. Pour Hélène, il est primordial de s'occuper d'elle plutôt que de Michel et de la relation instable qu'elle entretient avec lui.

Ce dernier doit alors faire face au départ de son épouse et au risque de licenciement qui pèse sur lui. Cette responsabilisation va dans un premier temps le pousser à boire encore plus. Souvenez-vous que la personne alcoolo-dépendante a naturellement tendance à rendre les autres responsables de sa propre déchéance : ici, Hélène l'abandonne, et son patron le persécute ! La seule solution – selon Michel – est de boire pour oublier... Mais très vite il va se ressaisir et accepter de rencontrer un médecin qui va rapidement l'orienter vers une cure de sevrage. Les résultats de la prise en charge sont excellents ; Michel assiste à des conférences sur l'alcoolisme, s'inscrit à un groupe d'anciens buveurs et suit une psychothérapie cognitivo-comportementale*.

Hélène lui laisse du temps pour se reprendre en main. Dans un deuxième temps, elle verra, en fonction de l'état de Michel, s'il est opportun d'envisager à nouveau une vie commune. En attendant, elle le voit régulièrement et le soutient du mieux qu'elle peut.

* Voir à ce propos l'ouvrage *Guérir vite – Soigner les angoisses, la dépression, les phobies par les* TCC, aux éditions Hachette Pratique.

Un bras de fer perdu d'avance

Envisager un bras de fer contre la dépendance à l'alcool d'un proche, c'est comme vouloir combattre un ours enragé avec un cure-dent : c'est perdu d'avance !

L'exemple de...

Paul et Mireille, mariés depuis vingt-quatre ans. Ils ont trois enfants, âgés respectivement de 21, 19 et 17 ans. Paul consomme de l'alcool de manière excessive et quotidienne depuis une vingtaine d'années. Certains jours, il parvient à diminuer à deux ou trois le nombre de verres absorbés, mais dans la plupart des cas il est totalement ivre à partir de 20 heures. Il devient alors irritable, agressif, violent verbalement. Il lui est même arrivé de se battre avec son fils aîné à deux ou trois reprises. Les enfants et l'épouse de Paul ont tout essayé pour faire cesser cette descente aux enfers : ils lui ont expliqué calmement les choses, l'ont menacé de partir de la maison, de le faire interner... Mais rien n'y a fait. Même le médecin de famille est intervenu, en expliquant longuement à Paul qu'il mettait sérieusement sa santé en péril (les résultats de sa dernière prise de sang révélaient des problèmes).
Paul persiste à dire qu'il n'a aucun problème avec l'alcool. « J'arrête quand je veux », se plaît-il à répéter. Il reproche à ses proches de l'étouffer, de ne pas le laisser vivre sa vie comme il l'entend. Le quotidien de la famille est marqué par de nombreuses tensions, majorées par des difficultés financières. Le fils aîné a d'ailleurs abandonné ses études depuis un an, et travaille dans la restauration pour que sa mère et ses deux sœurs puissent se procurer le minimum nécessaire (nourriture, vêtements) : Paul, en cours de licenciement, dépense la totalité de son salaire en alcool.

Comme nous pouvons le voir ici, il est illusoire d'imaginer pouvoir forcer quelqu'un à se sevrer de l'alcool s'il n'est pas motivé pour cela. C'est un combat perdu d'avance. Cette affirmation est valable pour les proches comme pour les médecins : on ne peut pas aider une personne alcoolo-dépendante qui ne le souhaite pas ! La dépendance de Paul est plus forte que tout. Le bien-être de sa famille, sa santé, les études de son fils... ne sont pas pour lui des arguments assez puissants face à la nécessité de boire.

Mais la présence de cette dépendance ne doit pas faire oublier aux proches de Paul que ce dernier reste au final responsable de ses choix, particulièrement pour ce qui concerne le fait de consommer ou non de l'alcool. Ils ne doivent surtout pas excuser une telle conduite (« Après tout, ce n'est pas de sa faute. ») ni même la banaliser (« Ça fait des années qu'il boit... On ne peut plus rien faire aujourd'hui. ») ou la justifier (« Vous vous rendez compte, avec tous les ennuis qu'il a eus ! »). Une question se pose alors : comment les membres de cette famille peuvent-ils composer avec la situation sans se lancer dans une lutte stérile ?

En fait, Mireille s'est inscrite il y a deux ans à un groupe d'entraide qui réunit des proches de personnes alcooliques. Ses enfants participent également aux discussions depuis quelques mois. Cette démarche a permis à l'entourage de Paul de mieux comprendre la spirale infernale de l'alcoolisme ; Mireille et ses enfants ont renoncé à s'épuiser dans un affrontement sans cesse renouvelé et inefficace. Le groupe d'entraide leur a fait admettre que l'on ne peut se battre contre l'alcoolo-dépendance d'un proche si celui-ci n'a aucune demande.

Éviter les discussions conflictuelles

Mireille préfère aujourd'hui privilégier son bien-être et celui de ses enfants. Elle dialogue avec Paul lorsqu'il est sobre, et lui fait part de ses sentiments, de ses émotions, voire de son amertume. Elle sait qu'il est important pour elle de s'affirmer, et n'a plus peur d'exposer clairement ses désirs et ses attentes à son mari. Lorsque Paul est saoul, elle l'ignore, ce qui lui permet d'éviter d'interminables discussions conflictuelles qui ne mènent à rien.

Le fils aîné a du mal à dialoguer avec son père. Suite aux violentes disputes qu'ils ont eues, le jeune homme a tendance à rejeter Paul et à ne plus lui adresser un mot. Mireille a alors demandé à son fils de rester maître de ses émotions, et lui a conseillé d'aller passer la nuit chez un copain lorsque son père était ivre, pour ne pas envenimer la situation.

La famille de Paul a peu à peu recréé un réseau d'amis, et privilégie à présent les sorties et les contacts sociaux divers (repas au restaurant, cinéma, bowling…) en laissant Paul à la maison lorsqu'il fait le choix de boire. Ayant bien compris qu'ils ne pourront soutenir celui-ci dans une démarche d'abstinence qu'à partir du moment où il en fera la demande et sera prêt à « sauter le pas », les proches de Paul restent disponibles pour lui tout en étant à l'écoute de leurs propres besoins et envies.

Il y a peu, Paul s'est effondré, et entre deux sanglots a expliqué à sa femme et à ses enfants combien il regrettait d'être régulièrement sous l'emprise de l'alcool. Il a accepté le fait d'être dépendant, et a demandé de l'aide pour s'en sortir et « reprendre une vie normale ». Sa famille a fait bloc autour de lui et un dialogue s'est instauré sur de nouvelles bases. Mireille et ses enfants ont demandé à Paul de parler de son mal-être, et l'ont assuré de tout leur soutien s'il souhaitait être accompagné dans une démarche de sevrage. Il s'agit là d'un temps important pour Paul, car il a pu constater que ses proches l'aimaient toujours et qu'ils ne le laisseraient pas tomber. À la faveur de cet épisode, l'homme a pris rendez-vous – de sa propre initiative – chez son médecin traitant pour envisager d'arrêter définitivement l'alcool. Il sait que le chemin sera long et difficile, mais que le jeu en vaut la chandelle !

Parvenir à le motiver

Même si vous ne pouvez pas espérer aider votre conjoint/votre parent/votre ami alcoolo-dépendant s'il ne le souhaite pas, il est tout de même très important de vous impliquer dans sa prise en charge, et ce dès le départ.

Mais de quelle manière ? Comment arriver à trouver le juste équilibre entre un soutien adapté et une intrusion dans l'intimité de votre proche ? Comment pouvez-vous épauler le médecin traitant sans donner l'impression de trahir la personne alcoolo-dépendante ?

Dans un premier temps, il va vous falloir faire ce que l'on appelle le « bilan de l'existant » ; autrement dit, un point sur la situation présente :

- Dans le contexte actuel, êtes-vous capable de définir ce qui est tolérable, et ce qui ne l'est pas ?
- Avez-vous l'impression d'être indispensable à votre conjoint/votre parent/votre ami dans sa quête d'abstinence ?
- Vous situez-vous vis-à-vis de lui dans un rôle de sauveur ? de victime ? de persécuteur ?
- Vous sentez-vous coupable de sa consommation d'alcool ?
- Vous sentez-vous méprisé, dénigré ?
- Consommez-vous vous-même de l'alcool régulièrement, voire d'autres substances (tranquillisants, cannabis, somnifères...) ?

À savoir

Il est important de savoir qu'au-delà des classiques émotions négatives liées à l'alcoolisme de votre proche se profile chez vous – de manière consciente ou inconsciente – un vague sentiment d'échec : échec de votre projet de vie commune, de votre projet familial, de votre projet social... Finalement ces projets ne tendaient-ils pas vers une perfection quelque peu utopique ?...

Dans un deuxième temps, il va vous falloir briser le classique cercle vicieux qui s'instaure dans ce type de situation : monsieur boit, madame hurle, et monsieur boit de plus belle car il se sent incompris et rejeté. Il peut alors être intéressant, tout en restant maître de ses émotions – surtout, gardez votre calme ; tout affrontement est à proscrire ! –, de faire le point sur les aspects négatifs de la consommation d'alcool de votre proche. Bien entendu, une telle discussion ne peut être possible qu'à un moment de la journée où votre conjoint/votre parent/votre ami est sobre (le matin, en général). Dans cette optique, vous pouvez vous aider d'une fiche avantages/inconvénients que vous lui demandez de remplir. En voici un exemple :

Les bénéfices que m'apporte l'alcool (Je bois : quels avantages ?)	**Les ennuis que m'apporte l'alcool (Je bois : quels inconvénients ?)**
■ J'aime le goût de l'alcool. ■ Boire me donne du courage. ■ Boire me permet d'oublier mes soucis. ■ Boire calme mes angoisses. ■ Boire m'aide à faire la fête. ■ etc.	■ Je n'arrive plus à m'en passer. ■ Le lendemain d'une cuite, je me sens mal. ■ Je n'arrive plus à travailler correctement. ■ Ma famille et mes amis ne me respectent plus. ■ On m'a retiré mon permis de conduire. ■ etc.

Une fois cette fiche remplie, demandez à votre proche de mettre en balance les « arguments pour » et les « arguments contre » le fait de continuer à boire. Généralement, un tel exercice donne lieu à une certaine prise de conscience de sa part...

Par ailleurs, n'hésitez pas à exposer clairement vos inquiétudes : par exemple, ne menacez pas votre conjoint d'une séparation, mais faites-lui part de vos craintes concernant la vie de votre couple à moyen terme si rien ne change. Et, à l'inverse, insistez sur les bienfaits qu'il y a à espérer d'un changement radical dans son comportement vis-à-vis de l'alcool.

À savoir

Plutôt que de reprocher à votre conjoint/votre parent/votre ami son manque de volonté, répétez-lui régulièrement que vous avez confiance en lui, en sa capacité de réussir.

Dans un troisième temps, pour favoriser la demande de prise en charge, il peut être intéressant de vous associer aux tourments de la personne alcoolo-dépendante : expliquez à votre proche que la souffrance qui le ronge vous affecte directement, et qu'il serait souhaitable, à deux, de faire appel à un professionnel spécialisé dans ce type de troubles. Un tel discours doit être régulièrement répété, et se fonder sur des éléments concrets en évitant toute culpabilisation stérile (« Je vois que tu es malheureux, et je le suis aussi. Ce problème d'alcool nous mine, et je ne sais plus comment t'aider. Peut-être qu'une prise en charge adaptée pourrait nous aider à sortir de cette impasse ? »). Il est fréquent qu'un délai de plusieurs mois s'écoule avant que la personne alcoolique n'accepte de consulter un médecin en vue d'un sevrage. Mais ce laps de temps est normal et correspond à une réflexion nécessaire. Je peux vous assurer que, lorsqu'il m'arrive de faire des gardes aux urgences, je n'oriente jamais vers un centre de cure un patient complètement ivre qui fait une demande de sevrage à 3 heures du matin ! Une telle décision doit être mûrement réfléchie, et animée par une importante motivation.

Conseil ■ Conseil ◆ Conseil ■

Motiver votre proche à renoncer à l'alcool

Pour aider votre conjoint/votre parent/votre ami alcoolo-dépendant, il va vous falloir :

- Renforcer sa motivation. Une importante motivation est essentielle pour arrêter de boire. Cela commence par la prise en compte de son ambivalence : la personne alcoolo-dépendante identifie des défauts mais aussi des qualités à son comportement. Il faut donc l'aider à mesurer le poids réel des « bénéfices » et des « inconvénients » liés à l'alcool. Il faut aussi renforcer son sentiment de liberté de choix. Il est important de la rassurer sur sa capacité de réussite (c'est ce que l'on appelle le « sentiment d'efficience personnelle »). Enfin, il faut être sûr de bien prendre en compte tous les obstacles (dépister les craintes inavouées, telles que la survenue d'angoisses lors du sevrage, par exemple). Réaliser un « Top 5 » des raisons qui poussent votre proche à arrêter de boire peut s'avérer utile pour la suite.

- Le préparer à l'arrêt de l'alcool. Pour que la personne alcoolo-dépendante puisse progresser dans sa quête de sevrage, il est essentiel qu'elle prenne conscience de ses propres habitudes au quotidien. L'outil idéal est alors l'agenda de toutes ses consommations sur une période donnée (une semaine peut suffire). Cela permet d'identifier de manière précise quelles situations déclenchent la prise d'alcool (conflit, dispute, événement heureux, angoisse...).

- Éviter les situations à risque. Une fois ces situations identifiées, vous devrez essayer de les éviter, sans forcément insister dans un premier temps sur la nécessité, pour votre conjoint/ votre parent/votre ami, de réduire sa consommation d'alcool. Par exemple, il pourra suffire de lui proposer de venir vous parler directement ou de vous téléphoner s'il se sent angoissé, plutôt que de se ruer sur une bouteille. Cette démarche peut lui permettre de commencer à gérer son comportement, et de modifier petit à petit son schéma cognitif, schéma plus ou moins inconscient qui s'illustre de la façon suivante :

Je suis angoissé → Je bois

La modification donne :

Je suis angoissé → Je te téléphone

- Développer le soutien social. Il est essentiel, pour une personne alcoolo-dépendante, de mettre en place un soutien social en annonçant notamment son désir d'arrêter de boire. La recherche d'aide parmi les proches est primordiale (collègues, famille, amis… et professionnel de la santé !). Les encouragements sont précieux. Il ne faut pas hésiter à demander à l'entourage de faire preuve d'indulgence face à l'irritabilité inévitable de la personne qui envisage de se sevrer (car la colère, les disputes et les conflits risquent de précipiter la rechute).

- Gérer ses envies de boire. Cela nécessite un apprentissage et quelques précautions. Il faut notamment éviter les situations favorisantes : éviter les autres buveurs (les copains de bar), développer des activités de remplacement, éviter les moments d'angoisse et d'isolement, pratiquer des activités physiques… Il faut savoir que l'envie de boire est très forte, et peut survenir à n'importe quel moment de la journée dans les premiers temps, de façon impulsive. Pour la combattre, certains trucs peuvent aider : ressortir son « Top 5 », s'auto-encourager, penser à quelque chose de plaisant, boire un grand verre d'eau (éviter les sodas, les boissons aromatisées sucrées), faire des exercices de relaxation…

A I D E R

Aider votre conjoint/ votre parent/votre ami alcoolo-dépendant ne signifie pas que vous devez tout gérer à sa place, ni même tout accepter de sa part. Il est important ici d'accompagner sans bousculer, de soutenir sans brusquer. L'aide à apporter doit être orientée vers un but : permettre à votre proche d'optimiser sa motivation à rester abstinent.

Objectif : l'abstinence

Le « contrôle » : une idée à abandonner

Bien souvent, avant même de commencer la prise en charge, de nombreuses personnes alcoolo-dépendantes se fixent comme objectif premier de « contrôler » leur consommation. Elles ont conscience que les quantités ingérées jusqu'alors sont excessives, et veulent donc s'efforcer à l'avenir de boire dans des proportions « normales ».

À savoir

Abstinence totale signifie qu'il ne faudra pas envisager, pour votre proche, de se rabattre sur la bière dite « sans alcool » – qui en fait en contient une faible quantité, suffisante pour maintenir la dépendance (conformément à la législation, la teneur en alcool d'une bière sans alcool ne doit pas dépasser 1,2 % vol) – ou sur d'autres boissons moins alcoolisées (cidre, par exemple). À éviter aussi : babas au rhum, potée au vin blanc, bœuf bourguignon, crêpes flambées…

À ce stade du processus, vous devez savoir que la tâche du médecin est délicate : il doit faire prendre conscience à votre conjoint/votre parent/votre ami que, s'il est réellement alcoolo-dépendant, il ne sera jamais capable de contrôler sa consommation (« Le scénario est toujours le même : un verre de vin le lundi, trois le mardi, cinq le mercredi et la bouteille entière le jeudi », m'a expliqué un de mes patients). Il faut alors établir un projet d'abstinence totale, en se méfiant de certains aliments auxquels on ne prête généralement pas attention (tel le vinaigre).

Cette réalité est souvent vécue avec douleur au début, et difficilement acceptable. Elle peut même aboutir à une rechute, voire à l'abandon du projet thérapeutique (« C'est trop difficile, je n'y arriverai jamais ! »). Dans ce cas de figure, il faut avant tout éviter les reproches du style : « Tu manques vraiment de volonté ! Après tout, ce n'est pas si difficile de ne plus boire une goutte d'alcool. Moi, par exemple, je ne touche jamais à un seul verre de vin, et je me porte très bien... » Oui, mais si je vous annonçais brutalement que, du jour au lendemain, vous n'aurez plus le droit de manger un seul morceau de chocolat, de vous mettre du rouge à lèvres, de lire la presse sportive ou de disposer d'un téléphone portable, verriez-vous les choses de la même manière ?...

Faire accepter l'abstinence

Le meilleur moyen d'accepter l'idée d'une abstinence totale est d'avancer progressivement, à petits pas. Votre conjoint/votre parent/votre ami va devoir se dire chaque matin en se levant « Un jour de plus sans alcool. Quelle victoire ! » Son projet de vie va ainsi peu à peu s'orienter vers l'abandon du produit et la réorganisation de son existence sans alcool.

Toutefois, il ne faut pas oublier que chaque parcours alcoolique est spécifique. Les programmes doivent donc être individualisés. C'est la raison pour laquelle il peut arriver que seule une diminution ou une modification qualitative de la consommation soit proposée, tout au moins dans un premier temps. Mais, dans tous les cas, il est primordial que l'alcool n'ait plus de répercussions négatives sur la personne et que celle-ci réussisse à prendre de la distance vis-à-vis du produit.

La cure de sevrage

Une cure de sevrage permet à la personne alcoolo-dépendante de bénéficier d'un arrêt total de sa consommation sous contrôle médical. Cette cure peut être effectuée à l'hôpital (lorsque la dépendance est très importante ou lorsque l'état de santé du patient le nécessite), ou à la maison, avec des consultations régulières chez un médecin.

La cure à la maison

Ce type de cure permet de ne pas extraire la personne de son cadre de vie habituel, cadre au sein duquel elle va devoir ensuite maintenir son abstinence. Les critères de décision sont les suivants :

- un refus catégorique d'une hospitalisation de la part de la personne (appréhension, déni de la gravité du problème) ;
- l'absence d'indication formelle d'un sevrage en milieu hospitalier (voir p. 73) ;
- la motivation claire de la personne ;
- le respect prévisible du traitement médicamenteux ;
- un état physique (pas de signes importants de dépendance physique) et un état psychologique satisfaisants ;
- un entourage familial et social motivé ;
- la disponibilité d'une équipe de soignants pour un suivi rapproché pendant les premiers jours.

Conseil ■ Conseil ■ Conseil ■

Avant que la cure ne commence...

La prise en charge de votre conjoint/votre parent/votre ami alcoolo-dépendant va nécessiter la connaissance préalable :

de l'histoire de son alcoolisme

- Quelle est l'ancienneté de l'alcoolisme ?
- Quelles quantités d'alcool consomme-t-il ?
- A-t-il déjà essayé de s'arrêter ?
- Existe-t-il des problèmes médicaux particuliers (notamment des allergies à certains médicaments) ?

du stade de sa préparation au sevrage

- Si votre proche n'est pas prêt : conseil minimal, brochures d'information...
- Si votre proche est hésitant : on en parle (Maintenant ? Veux-tu que l'on prenne rendez-vous avec un spécialiste ?).
- Si votre proche est prêt : la prise en charge doit être rapide, il ne s'agit pas de laisser l'occasion se perdre. En tout état de cause, les médecins ne passeront que peu de temps avec les personnes alcoolo-dépendantes qui ne sont manifestement pas prêtes à s'arrêter, et plus de temps avec les autres.

du degré de sa motivation

- Celle-ci va être évaluée par des entretiens, voire par des tests spécifiques.

• Si la motivation de votre proche est faible, des entretiens de motivation seront effectués. Leurs objectifs : encourager, déculpabiliser, rappeler les risques liés à la consommation d'alcool et surtout les bénéfices à l'arrêt, briser les résistances, chasser les peurs, le tout avec beaucoup d'empathie.

du niveau de sa dépendance

La dépendance à l'alcool est double :

• physique : c'est la dépendance au produit. Le buveur a besoin de sa « dose » chaque jour ;

• psychologique : ce sont toutes les circonstances de la vie quotidienne au cours desquelles la personne va se mettre à boire – automatisme, habitude, rite, fête, joie, peine, colère, fatigue, détente, angoisse, etc.

d'une éventuelle maladie psychologique associée

• Il existe des liens étroits entre angoisse, dépression et alcoolo-dépendance.

• Le sevrage provoque souvent une déstabilisation psychologique.

• Un état dépressif sévère peut faire différer une cure de sevrage.

• La cure de sevrage peut apparaître plus complexe que prévu (par exemple, intérêt d'une coprescription d'antidépresseur si le sevrage risque de venir démasquer un état dépressif majeur).

d'une éventuelle consommation de toxiques associée

Attention à la classique dérive : l'arrêt de l'alcool entraîne une augmentation de la consommation du produit associé (cannabis ou autre). Un sevrage simultané est difficile. Alcool d'abord et cannabis ensuite ? Il faut respecter le choix de votre proche. L'intérêt d'un antidépresseur pourra là aussi se discuter.

La cure à l'hôpital

Elle se déroule le plus souvent dans des services spécialisés en alcoologie et se justifie dans les cas suivants :

- une alcoolo-dépendance sévère faisant craindre des signes physiques de sevrage ;
- l'échec d'un ou de plusieurs sevrages précédents à la maison ;
- des maladies associées ;
- un risque suicidaire ;
- des antécédents de crises d'épilepsie ;
- d'autres dépendances (cannabis, autres drogues) ;
- la nécessité d'éloigner la personne de son milieu familial et/ou social.

Lui donner le désir de s'en sortir

Dans les premiers temps, une relation de confiance s'établit entre le soignant et le soigné. Elle se fonde sur un véritable échange au cours duquel les problèmes liés à l'alcool sont abordés sans aucun tabou. Il est donc important que la personne en souffrance soit informée de façon claire des risques liés à sa consommation. Cette information, qui devra être relayée par vous-même, va favoriser la prise de conscience du trouble et de sa gravité. Toute moralisation ou culpabilisation excessives sont bien entendu à proscrire.

L'un des buts de la cure est de favoriser chez la personne alcoolo-dépendante le désir de s'en sortir, et surtout de lui donner tous les moyens pour rester abstinente par la suite. Car il est – plus ou moins – aisé d'arrêter de boire à partir du moment où l'on est encadré, « cocooné », pris en charge. Le plus difficile vient ensuite, lorsque la personne se retrouve livrée à elle-même, face à ses difficultés habituelles, embourbée dans ses angoisses...

L'expérience du sevrage, le réapprentissage d'un quotidien sans alcool sont là pour aider l'individu en cure à avoir conscience de son alcoolisme et à adopter un mode de vie plus sain.

Pendant la cure, la personne est invitée à participer à des activités : elle peut par exemple continuer à travailler si elle n'est pas hospitalisée, et si le sevrage a lieu à l'hôpital on va lui proposer d'aller en ergothérapie, de suivre des activités de groupe (sport collectif, randonnées...), etc.

Combattre les effets du manque

La consommation d'alcool est interrompue et les effets du manque sont compensés par des médicaments spécifiques et des boissons abondantes (eau, jus de fruits, sodas...). Mais attention aux sodas sucrés, car arrêter l'alcool, c'est bien, mais si cette démarche est à l'origine d'une prise de poids de 15 kg cela peut poser problème... N'oubliez pas que 1 litre de cola contient 100 grammes de sucre, soit l'équivalent de 20 morceaux de sucre !

Vous devez savoir que votre conjoint/votre parent/votre ami alcoolo-dépendant va avoir besoin de se réhydrater massivement, et que ses apports en liquide vont devoir avoisiner 3 litres par jour (il va falloir que son organisme se « détoxifie ») dans les premiers temps de sa cure.

Observation

Le delirium tremens

Il peut mettre la vie de la personne en jeu, et nécessite un transport immédiat en réanimation dans les cas les plus graves. Il s'agit d'un état de confusion et de délire lié au manque en alcool. Il comporte de nombreuses complications physiques. Il peut apparaître brutalement, ou être précédé de symptômes qu'il est important de reconnaître (crises d'épilepsie, tremblements, soif intense, sueurs massives, angoisse croissante, insomnie, agitation nocturne).

Lorsqu'un *delirium tremens* apparaît, il vous faut contacter au plus vite SOS Médecins, le SAMU ou les pompiers. Vous devez penser à ce diagnostic si votre conjoint/votre parent/votre ami présente le tableau suivant :

- état de confusion (votre proche ne reconnaît pas le lieu dans lequel il se trouve, il est incapable de donner la date exacte, il peut vous confondre avec une autre personne...) ;
- amnésie globale (perte de mémoire concernant les faits récents et anciens) ;
- hallucinations visuelles (apparition d'animaux terrifiants tels que des serpents, des araignées...), auditives (voix dans la tête qui peuvent menacer la personne ou commenter tout ce qu'elle fait), corporelles (sensation que des milliers de petites bêtes courent sur la peau) ;
- grande agitation, épuisante : la personne participe activement à son délire ;
- angoisse importante ;
- tremblements intenses généralisés rendant l'articulation difficile ;

- présence de mouvements non coordonnés ;
- troubles de l'équilibre, avec chutes et démarche vacillante ;
- température modérée ou élevée ;
- palpitations cardiaques ;
- déshydratation (langue sèche, soif intense) ;
- éventuellement, diarrhée et vomissements.

Des gestes agressifs sont à craindre, ainsi qu'une réaction de fuite liée à la panique (des défenestrations ont ainsi pu être notées dans de telles situations).

En ce qui concerne les médicaments, ils sont prescrits dans le but d'éviter les accidents de sevrage tels que les crises d'épilepsie ou le *delirium tremens*.

Les médicaments ont aussi pour effet de favoriser un certain « confort psychologique », en diminuant l'angoisse de votre conjoint/votre parent/votre ami alcoolo-dépendant. Le traitement doit être renouvelé et adapté fréquemment, en fonction de l'état de santé physique et psychique de la personne.

Les consultations régulières, les entretiens fréquents avec un professionnel de soins ont pour principal objectif d'éviter tout découragement éventuel : votre proche peut être tenté de baisser les bras, de replonger dans une consommation massive dans les moments les plus difficiles. Parler, échanger, dire, exprimer, dialoguer... sont autant de moyens de favoriser l'établissement d'une relation de confiance une relation rassurante.

Votre rôle dans la réussite de la cure

Tous les spécialistes de la question sont unanimes sur ce point : vous avez un rôle majeur à jouer dans la réussite de la cure de votre conjoint/votre parent/votre ami alcoolo-dépendant. Les encouragements, le soutien de l'entourage sont des éléments capitaux dans le processus de sevrage, au cours duquel les progrès effectués sont trop souvent passés sous silence alors que les échecs sont sévèrement jugés.

Soutenir et rassurer

Il est habituel que la personne réduise (ou augmente) sa consommation d'alcool suite à la survenue d'un événement particulier au sein de sa famille ou de son entourage proche. Je dis souvent à mes patients qu'ils sont de véritables antennes paraboliques : ils captent tout ce qui se passe dans leur environnement – qu'il s'agisse d'éléments positifs ou négatifs – et ils traduisent immédiatement ce « signal » en un comportement (qui n'est pas toujours adapté, particulièrement dans le cas de l'alcoolisme).

Une cure de sevrage a donc plus de chances de réussir chez un individu qui est soutenu par son conjoint, par ses parents, par ses amis. Le seul hic, c'est que, dans bon nombre de cas, une personne proche de l'alcoolo-dépendant présente également une addiction à cette substance… Et dans une telle situation, le comportement de l'un peut induire la consommation de l'autre, et entraîner l'échec du traitement et de la prise en charge. Si tel est le cas pour votre conjoint/votre parent/votre ami, il faudra le signaler à son médecin.

Comme nous l'avons vu, l'arrêt total de toute consommation d'alcool doit dans un premier temps être une étape nécessaire dans le parcours de soins. Aucun autre objectif ne peut être envisagé à ce stade de la cure. Bon nombre de personnes alcoolo-dépendantes redoutent ce cap difficile : elles ont pour la plupart d'entre elles déjà essayé de se passer de ce compagnon de route toxique, seules ou avec l'aide de médicaments, mais ont échoué, parfois après d'importantes souffrances. Elles sont conscientes du fait qu'elles ont besoin d'alcool pour continuer à vivre « normalement » – selon leur point de vue –, c'est-à-dire sans ressentir le manque physique et psychique qui les empêche de fonctionner.

Ce qu'il est important de savoir, c'est que cette peur panique de l'abstinence est très souvent associée à la croyance – partagée par certains médecins peu expérimentés – que la cure de sevrage réglera de manière définitive le problème de la dépendance : la prise en charge est alors vue comme une sorte de rite initiatique – un genre de baptême – au cours duquel la personne va « renaître ».

L'exemple de...

Daniel. « Tous les compteurs vont être remis à zéro », me disait-il au début de son hospitalisation. Il pensait qu'il allait être « purifié, détoxifié, prêt à repartir de zéro avec une nouvelle personnalité, un nouveau dynamisme » : il rêvait d'un idéal au sein duquel l'alcool ne serait plus un problème... Malheureusement, tout n'est pas aussi idyllique. Attention à la déception, elle risque d'être amère...

Les limites de la cure de sevrage

Il faut ici les souligner : la personne alcoolo-dépendante restera toute sa vie fragile vis-à-vis de l'alcool. Tant que la substance lui fait peur, elle est sur la bonne voie. Là où il va falloir commencer à vous inquiéter, c'est lorsque votre conjoint/votre parent/votre ami va vous dire : « C'est bon, maintenant j'arrive à maîtriser ma consommation. Je ne bois plus qu'un verre ou deux, et après j'arrête. » Ce type de discours doit vous faire tirer la sonnette d'alarme, et dans ce cas il va falloir proposer à votre proche d'en reparler avec son médecin.

L'objectif de la cure, qu'elle se déroule à la maison ou à l'hôpital, est de parvenir à maintenir l'abstinence sur le long cours. Le sevrage n'est pas le but ultime du traitement, mais juste un moyen pour l'atteindre. J'explique fréquemment à mes patients que cette période difficile – qui peut leur sembler être un véritable enfer – n'est en fait qu'une sorte d'échauffement, pour utiliser un terme sportif. Le plus dur viendra ensuite, lorsqu'il faudra dire non aux incessantes propositions de « boire un petit coup ».

Un engagement éclairé

Lors de la cure de sevrage, il faut qu'un véritable « contrat de soins » soit établi entre votre conjoint/votre parent/votre ami et le médecin qui le prend en charge. Votre proche doit être clairement informé des objectifs de la cure et des moyens thérapeutiques utilisés. Il doit être responsabilisé, ce qui ne l'empêche pas d'en discuter longuement avec vous.

S O U T E N I R

Arrêter de boire demande dans un premier temps à votre proche une nécessaire prise de conscience. Dans un deuxième temps, il devra faire un choix très personnel qu'il sera nécessaire d'assumer une fois la cure de sevrage terminée. Lorsqu'une personne alcoolo-dépendante a décidé d'arrêter l'alcool, elle va devoir faire appel à plusieurs intervenants. Je vous propose de faire ici le point sur trois types d'aide qui peuvent la soutenir dans sa quête d'une vie plus saine, et qui peuvent également vous permettre de passer un cap difficile : les groupes d'entraide, les centres ambulatoires d'alcoologie (CAA) et les centres de postcure.

Les groupes d'entraide

Un soutien après la cure

Il existe de nombreux groupes d'entraide (voir Adresses utiles, p. 136) qui informent les personnes dépendantes et leurs proches sur l'alcoolisme et les risques qui s'y rapportent. Ces groupes sont d'une grande utilité, car ils offrent la possibilité d'aborder sans tabou des difficultés généralement cachées ou minimisées. Les conseils, les informations sont donnés par des personnes qui s'identifient au problème de l'alcoolisme (soit parce que ce problème les a touchées directement, soit parce qu'un de leurs proches en a été victime).

Votre conjoint/votre parent/votre ami alcoolodépendant aura tout intérêt à faire appel à ce type de groupe une fois sa cure de sevrage terminée (dans certains cas, il peut même être intéressant de participer à des réunions en cours de cure, si par exemple elle a lieu à la maison). Ces groupes étant également ouverts aux proches, n'hésitez pas à prendre directement contact avec eux.

Ainsi, la sympathie et l'accueil offerts par ces groupes peuvent être utiles dans la mesure où on vous laisse en définitive libre de prendre les décisions qui s'imposent dans votre situation personnelle. À ce propos, restez vigilant, car de nombreuses sectes utilisent ce type d'activité pour recruter de nouveaux adeptes. Pour ne pas tomber dans un tel piège, reportez-vous aux adresses utiles citées en fin d'ouvrage.

Observation

Le rôle des groupes d'entraide

Chaque groupe d'entraide a ses spécificités, mais dans la plupart des cas les objectifs sont les suivants :

- Apporter conseil, accompagnement, aide et soutien moral aux personnes qui ont un problème lié à l'alcool, ainsi qu'à leur entourage.
- Proposer des mesures de soutien pour éviter les rechutes (maintien de l'abstinence) et favoriser la réadaptation sociale et socioprofessionnelle.
- Accompagner l'entourage des personnes en difficulté avec l'alcool, leur apporter une aide adaptée à leurs besoins spécifiques.
- Prévenir la consommation abusive d'alcool dans la population – chez les jeunes en particulier – par le biais de campagnes d'information.
- Mettre sur pied des actions et des cours de sensibilisation aux questions liées à la consommation d'alcool et de promotion de la santé dans les entreprises, les associations, les écoles, les centres de loisirs, les lieux d'apprentissage, les groupes de parents…
- Favoriser la coordination et la complémentarité entre les différents professionnels et institutions spécialisés ou non dans ce domaine.

Dans la majorité des cas, on vous proposera, à vous et à votre conjoint/votre parent/votre ami alcoolo-dépendant, une écoute, une information, un dialogue, voire un accompagnement. Les personnes accueillies sont de tous âges et de toutes conditions familiale, sociale et professionnelle.

S'exprimer et s'informer

N'ayez pas honte de votre situation lors de la prise de contact : ce sont généralement des personnes en souffrance qui s'adressent à un groupe d'entraide, qu'il s'agisse de l'alcoolo-dépendant ou de l'un de ses proches.

Il s'agira avant tout de trouver une écoute attentive de la part d'un professionnel ou d'un bénévole. On pourra dans un premier temps vous aider à résoudre des problèmes immédiats, concrets et pratiques. Dans un second temps, des conseils pourront contribuer à ce que vous identifiiez le problème d'alcool de votre proche et ses conséquences, à ce que vous l'abordiez de front et fassiez des choix, en tenant compte de la réalité quotidienne (contexte familial, professionnel, social et financier).

Si la personne dépendante est décidée à faire appel à ce type de soutien, une rencontre avec elle permettra de discuter de la prise en charge qui vise à améliorer sa qualité de vie. Le groupe d'entraide la soutiendra dans ses efforts pour modifier son comportement de consommation, et souvent même son comportement global. En un mot, il l'aidera à redevenir actrice de sa propre vie. Par la suite, il va aussi l'encourager à prendre des mesures pour éviter les réalcoolisations. C'est donc un véritable projet thérapeutique qui se concrétise au fil des rencontres. Un tel projet devient possible lorsqu'une relation fondée sur la confiance a pu s'établir.

La démarche suivie par la plupart des groupes d'entraide s'établit sur la base d'une relation dite volontaire (fondée sur une coopération et un partenariat avec la personne alcoolo-dépendante). Un travail de collaboration se met en place, sur la base d'un contrat clairement établi avec votre conjoint/votre parent/votre ami.

En outre, divers services sont proposés, tout en mettant en avant les bénéfices que les personnes dépendantes et leurs proches peuvent en retirer. L'objectif est d'obtenir une bonne adhésion au traitement.

À savoir

Parfois, à un moment ou à un autre, il arrive que la prise en charge de votre proche soit interrompue car ce dernier est découragé, démotivé, honteux ou culpabilisé. Le groupe d'entraide peut alors vous aider à rétablir le contact, à lui proposer un nouvel essai...

Lorsqu'une démarche d'accompagnement est mise en œuvre par un groupe d'entraide, une analyse de la situation est généralement effectuée. Concrètement, on peut vous demander de parler de votre vécu concernant la situation actuelle familiale, économique et professionnelle. Vous pourrez alors mettre en lumière certains aspects particuliers de la trajectoire de vie de votre conjoint/votre parent/votre ami : comment il a vécu sa relation à l'alcool, quel est son parcours professionnel, quelles sont ses relations familiales, par exemple. Les premiers entretiens permettront de cerner plusieurs questions d'une façon précise :

- **Quel est le problème explicite ou sous-jacent à l'origine de la demande ?** Une liste des conséquences physiques, psychiques et sociales du comportement addictif peut alors être établie, même si elles ne semblent pas être en lien direct avec l'alcool.

■ **Quelle est la demande ?** Comment peut-elle être exprimée de façon claire ? Qui en est l'auteur (vous ? votre proche ?) ? Qu'est-ce qui est dit ? Qu'est-ce qui ne l'est pas ?

■ **Quelles sont les ressources à disposition ?** Ces ressources peuvent être matérielles (argent, logement, travail), personnelles (confiance, motivation...) ou sociales (relations amicales...).

L'objectif de ce type d'entretien est de vous donner, à vous et à votre proche, le maximum d'informations sur l'alcoolisation et les conséquences qui peuvent en découler. Votre conjoint/votre parent/votre ami aura ainsi une vision plus globale et plus objective de la situation, ainsi que des possibilités d'action. Il pourra mieux réagir et se positionner par rapport à son comportement addictif. Il recevra des brochures d'information qu'il pourra relire à tout moment.

Lorsqu'une personne est dépendante, elle a souvent l'impression qu'elle n'a plus d'emprise sur sa propre vie. L'objectif des groupes d'entraide est de lui permettre de (re)trouver son autonomie, de redevenir indépendante vis-à-vis du produit. Un cadre de vie structuré peut s'imposer alors pour enraciner une vie « hors alcool ». C'est la raison pour laquelle la personne est souvent orientée vers des institutions qui l'aideront à recréer un réseau de relations et d'activités professionnelles ou bénévoles. Ce sont des conditions indispensables pour favoriser sa réinsertion sociale et/ou professionnelle.

Conseil ■ Conseil ■ Conseil

Une entraide qui s'adresse aussi aux proches

Pour ce qui vous concerne plus particulièrement, les groupes d'entraide peuvent vous proposer de participer à des entretiens en présence de votre conjoint/votre parent/votre ami alcoolo-dépendant.

- Ces entretiens sont généralement centrés sur votre inquiétude ou les difficultés que vous rencontrez, voire sur les mesures que vous serez amené à prendre vis-à-vis de la consommation d'alcool de votre proche et de ses conséquences.

- Ce type d'entrée en matière peut déboucher sur un accompagnement du couple ou de la famille. Mais une fois encore, l'accord des personnes intéressées est important pour le bon déroulement du processus.

- Des rencontres permettent d'informer sur les mécanismes de l'alcoolisme, d'expliquer les attitudes bénéfiques ou aggravantes et les moyens à disposition pour faire évoluer la situation.

- Cette approche est centrée sur vous, et sur vos propres besoins. Elle donne dans la plupart des cas des résultats encourageants : elle permet notamment d'atténuer l'épuisement de l'entourage et de vous redonner la maîtrise et la responsabilité de votre propre projet de vie.

La prévention de la rechute peut quant à elle être pratiquée de différentes manières, en entretien individuel ou en groupe. Une telle dynamique est nécessaire, et répond à de réels besoins. Cette démarche, proposée par l'ensemble des groupes d'entraide, est une approche utilisée avec des personnes ayant pris la décision de s'engager dans un processus d'abstinence. Dans la plupart des cas inspirée des thérapies cognitivo-comportementales, elle vise principalement à :

- aider votre conjoint/votre parent/votre ami à maintenir sa décision d'abstinence ;
- le sensibiliser aux situations pouvant favoriser une éventuelle réalcoolisation ;
- lui apprendre, en cas de réalcoolisation, à la stopper avant une rechute massive.

Les centres spécialisés

Les centres ambulatoires d'alcoologie (CAA)

Les centres ambulatoires d'alcoologie (anciennement appelés centres d'hygiène alimentaire et d'alcoologie – CHAA) sont des structures d'accueil, de soins et de prévention au sein desquelles peut être assuré le suivi de votre conjoint/votre parent/votre ami, en dehors de toute hospitalisation. L'accompagnement qui lui est alors proposé est médical, relationnel et social. En fait, la vocation médico-sociale des CAA est très large, et s'adresse à des personnes à tous les stades d'alcoolisation : buveurs occasionnels, buveurs excessifs, alcoolo-dépendants, en phase de sevrage, après la cure...

La prise en charge est globale. La composition multidisciplinaire de la majorité des équipes favorise cette prise en charge globale : médecins, infirmiers, travailleurs sociaux, éducateurs, psychologues, diététiciens... sont les différents intervenants assurant la réponse aux besoins des consultants.

Au-delà de la prise en charge, les CAA assurent très souvent également une fonction d'information, d'éducation à la santé, voire d'enseignement et de recherche. C'est la raison pour laquelle vous pouvez vous-même bénéficier d'un soutien au sein de ce type de structures.

Les CAA sont en lien étroit avec les services sociaux, les hôpitaux, les groupes d'entraide... La liste des centres ambulatoires d'alcoologie

Conseil ■ Conseil ■ Conseil

Ce que vous devez savoir sur la cure et la postcure

- Le sevrage en centre de soins spécialisé ou au domicile n'est qu'une étape vers une guérison et une abstinence heureuse. En effet, une longue réadaptation va s'engager pour votre conjoint/votre parent/votre ami, car il va devoir affronter l'alcool au quotidien, chose oubliée dans l'univers protégé de l'hôpital ou de la maison au cours de la prise en charge.

- Vous allez retrouver une personne différente de celle que vous fréquentiez il y a encore quelques semaines. Son comportement aura changé, et son attitude pourra vous choquer.

- Votre proche va tenter – bien souvent maladroitement – de reprendre sa place au sein de la famille, ce qui engendrera inévitablement quelques tensions.

- Rien n'est gagné dès la fin de la cure ou de la postcure. On ne guérit pas de l'alcoolisme comme on guérit d'une grippe. Si la dépendance physique a disparu, la dépendance psychologique est toujours présente et peut mettre des mois – voire des années – à disparaître (mais disparaît-elle totalement un jour ? D'après mon expérience, je serais tenté de dire que non, dans bon nombre de cas...).

- La fréquentation d'un groupe d'entraide est souhaitable pour votre conjoint/votre parent/votre ami, mais également pour vous.

- N'hésitez pas à prendre contact avec le médecin référent de votre proche alcoolo-dépendant.

peut être obtenue soit auprès des comités départementaux de prévention de l'alcoolisme, soit auprès des directions départementales des affaires sanitaires et sociales (DASS).

Les centres de postcure

Ils proposent à votre conjoint/votre parent/votre ami un séjour complémentaire à une cure de sevrage, que celle-ci se soit effectuée à l'hôpital ou à la maison. Ce séjour en centre de postcure dure généralement plus d'un mois et permet de compléter le travail de reconstruction physique, comportemental et psychologique dans un milieu protégé. Ici encore, cette démarche n'a de sens que dans le cadre d'un projet construit, prévoyant un suivi prolongé.

Pour éviter la rechute

Votre conjoint/votre parent/votre ami ne rechute pas au moment précis où il reprend son premier verre. Il s'agit d'un processus qui débute bien avant que la personne ne recommence à boire de l'alcool.

Avant de rechuter, votre proche va d'abord éprouver une certaine douleur morale et de l'inconfort lorsqu'il va se mettre à penser à l'alcool. Et progressivement, cette pensée va devenir une idée fixe.

La douleur morale et l'inconfort peuvent même atteindre un degré tel que votre conjoint/votre parent/votre ami se voit en définitive incapable de vivre normalement sans alcool. C'est un phénomène que les groupes d'entraide appellent l'« ivresse mentale ». Cet état peut rapidement être intolérable, et votre proche se dit alors qu'une reprise de sa consommation ne lui sera pas plus nocive que la douleur qu'il endure pour rester sobre.

Les phases qui conduisent petit à petit à la rechute s'enchaînent alors, entraînant la personne vers une nouvelle descente aux enfers. Bien entendu, il ne s'agit pas là d'un « passage obligé », mais il est important, si vous trouvez votre conjoint/votre parent/votre ami « moins bien », d'être attentif à son comportement, son discours, ceci afin de le soutenir et de le réorienter vers le spécialiste si nécessaire.

Très schématiquement, on peut définir dix phases annonciatrices avant une rechute :

Phase 1 : le retour du déni

À nouveau, votre proche éprouve de la difficulté à gérer son stress et à transiger avec ses émotions. Il devient incapable de reconnaître qu'il est de plus en plus souvent irritable, tendu.

Il se sent mal à l'aise, apeuré et angoissé parfois sans raison particulière. Il lui arrive de craindre de ne pas être capable de rester sobre. Ce malaise est passager, et ne dure habituellement que peu de temps.

Le problème réside dans le fait que, pour arriver à supporter ces périodes d'inquiétude, de crainte et d'angoisse, la personne ignore ou nie ses émotions. Ce phénomène peut être tellement fort qu'elle n'est elle-même pas consciente de ce qui lui arrive. Même lorsqu'elle prend conscience de ses sentiments, tout est aussitôt oublié dès que l'orage est passé.

À savoir

Ce n'est que lorsque votre conjoint/votre parent/votre ami fait un retour en arrière sur sa situation qu'il est capable d'admettre son angoisse et le déni de ses sentiments.

Phase 2 : la fuite et le comportement défensif

Au cours de cette phase, votre conjoint/votre parent/votre ami ne veut penser à rien qui risquerait de raviver ses sentiments douloureux et inconfortables. Par conséquent, il fait en sorte d'éviter toute situation ou toute personne qui le forcerait à regarder la situation de manière objective. Lorsqu'on lui pose des questions directes sur son bien-être – des questions pourtant banales, du style : « Alors, comment ça va en ce moment ? » –, il a tendance à être sur la défensive.

Observation ■ Observation ■

Les signes qui doivent vous alarmer

Au cours de la phase 2, votre conjoint/votre parent/votre ami peut développer des comportements qui doivent vous faire comprendre qu'il n'est nullement libéré de ses vieux démons. Ce sont les suivants.

- Il affirme que la partie est gagnée. (« Plus jamais je ne boirai. L'alcool n'est plus un problème pour moi. ») Votre conjoint/votre parent/votre ami se convainc qu'il ne touchera plus à un seul verre d'alcool ; par voie de conséquence, le fait de poursuivre sa prise en charge thérapeutique ne lui apparaît plus aussi nécessaire qu'auparavant. Or une personne alcoolo-dépendante ne sera jamais plus forte que l'alcool. Si elle pense un jour que le produit ne lui est plus nocif ou qu'elle sous-estime son pouvoir destructeur, il y a danger !

- Il a tendance à juger les autres au lieu de remettre en question son propre comportement, avec des réflexions du style : « Tu te rends compte ? Tu as vu comme les autres sont méchants avec moi ? », « Mes collègues s'acharnent vraiment contre moi ! », « Mes parents ne me considèrent pas comme un adulte », etc. Il pense que ses préoccupations ne sont jamais prises en compte, que son entourage ne le comprend pas...

- Il est souvent sur la défensive. Votre conjoint/votre parent/votre ami a tendance à être agressif ou à se justifier lorsqu'il parle de ses problèmes personnels, de sa cure de sevrage ou de sa postcure, alors qu'il n'a aucune raison de le faire.

- Il a un mode de pensée « rigide ». Votre proche a tendance à penser et à agir de façon obsessionnelle : il fait les mêmes choses encore et encore, sans raison valable. Il tente de contrôler les conversations, soit en parlant trop, soit en restant totalement muet. Il travaille souvent plus que nécessaire et s'implique dans de nombreuses activités. Toutefois, il évite les rencontres amicales ou intimes avec les gens.

- Il a un comportement impulsif. Le fonctionnement rigide est alors entrecoupé par des comportements irréfléchis ou non maîtrisés. Cela se produit habituellement lors de périodes de stress intense. Ces gestes impulsifs amènent la personne à prendre des décisions qui vont compromettre gravement sa vie sociale et sa prise en charge thérapeutique sur le moyen terme.

- Il a tendance à s'isoler. Votre conjoint/votre parent/votre ami commence à passer de plus en plus de temps tout seul. Il trouve habituellement de bonnes raisons et de bonnes excuses pour rester loin des gens. Ces périodes d'isolement deviennent de plus en plus fréquentes, et votre proche se sent de plus en plus isolé – fait paradoxal : il s'en plaint, mais en disant que son entourage le laisse tomber.

Phase 3 : la genèse de la crise

Au cours de cette phase, votre proche connaît une série de difficultés liées au fait qu'il nie ses propres émotions, s'isole et néglige sa prise en charge thérapeutique. Bien qu'il veuille résoudre ses problèmes et qu'il fasse de nombreux efforts en ce sens, il se heurte à de nouveaux écueils et a littéralement l'impression de patauger et de s'embourber.

- Il est tout à fait incapable d'avoir une vision d'ensemble de sa situation. Votre conjoint/votre parent/votre ami voit la vie comme étant constituée d'éléments séparés et dissociés. Il se concentre sur une partie sans regarder les autres, ou sans voir de quelle façon toutes ces parties sont reliées. Cela l'amène parfois à croire – à tort – que tout est sous contrôle, que tout va bien. À d'autres moments, il ne voit que ce qui va mal. Les petits problèmes prennent des proportions exagérées. Là encore, la personne a l'impression qu'elle est traitée injustement et qu'elle n'a aucun pouvoir pour changer quoi que ce soit.

- Il peut être victime d'une dépression modérée. Certains symptômes dépressifs peuvent faire leur apparition et s'installer. La personne a le cafard, elle se sent triste, fatiguée, vide de toute émotion. Il arrive souvent qu'elle dorme énormément (elle se réfugie dans le sommeil). Mais vous devez rester vigilant sur ce point, car elle est tout à fait capable de s'extraire de ces états d'âme en s'affairant à autre chose et en changeant de sujet de conversation.

- Il n'a pas la capacité de planifier son quotidien de façon constructive. Pour votre proche, le slogan « un jour à la fois » en vient à signifier qu'il ne doit plus organiser sa vie ou penser à l'avance à ce qu'il doit faire. Il accorde de moins en moins d'attention aux détails, et en vient petit à petit à prendre ses désirs pour des réalités (en fait, il considère son environnement « comme il voudrait qu'il soit » plutôt que comme il est réellement).

- Il se retrouve parfois confronté à des échecs. Étant donné que les plans de votre proche ne sont pas toujours adaptés et qu'il ne prête pas attention aux détails, ce qu'il planifie a tendance à échouer. Et chaque échec engendre de nouvelles difficultés ; certains de ces problèmes ressemblent d'ailleurs à ceux qu'il rencontrait lorsqu'il buvait... Ainsi donc, le cercle infernal est réenclenché : les remords et les doutes assaillent à nouveau votre conjoint/votre parent/votre ami.

Phase 4 : l'immobilisme

Tout au long de cette phase, la personne est totalement incapable d'entreprendre une action concrète. Elle se laisse porter par le courant de la vie, suit les événements extérieurs plutôt que de tenter d'avoir un minimum de prise réelle sur eux.

- Votre parent/votre conjoint/votre ami a des difficultés à se concentrer. Il devient de plus en plus difficile pour lui de rassembler ses idées pour atteindre un objectif précis. Le « si seulement » devient l'une des expressions les plus courantes dans ses conversations.

- Il a le sentiment qu'il ne pourra jamais s'en sortir. Un profond sentiment d'échec commence à se développer – échec qui peut d'ailleurs être réel ou imaginaire. Les petits ratés sont exagérés et prennent une proportion très importante. Il commence à croire « qu'il a fait son possible, et que malheureusement, en définitive, il est incapable de rester sobre ».

■ Il exprime vaguement le souhait « d'être heureux », un désir flou de bonheur ou « que les choses s'arrangent », sans pour cela que votre conjoint/votre parent/votre ami identifie ce qui serait nécessaire à son bien-être, ou de quelle façon il pourrait arranger les choses. Une sorte de « pensée magique » se met en place (la personne veut que son quotidien s'améliore, mais elle ne fait rien concrètement pour l'améliorer).

Phase 5 : la désorganisation et l'emportement

Au cours de cette période, votre proche a des difficultés à réfléchir de manière objective, à organiser ses pensées. Il est mécontent de lui et des autres, devient irritable et réagit excessivement pour des riens. On retrouve alors des moments de confusion, qui deviennent de plus en plus fréquents, qui durent de plus en plus longtemps et engendrent de plus en plus de problèmes. Votre conjoint/votre parent/votre ami est parfois furieux contre lui-même parce qu'il ne parvient pas à comprendre ce qui se passe en lui et autour de lui. Il développe alors une irritabilité vis-à-vis de l'entourage. Les relations sont tendues, votre proche se sent agressé lorsqu'on lui parle de ses changements de comportement et d'humeur. Il commence à se sentir coupable, envahi de regrets par rapport au rôle qu'il tient dans les conflits familiaux qui continuent de s'intensifier. Il passe alternativement par des phases de colère, de frustration, de ressentiment, tout ceci sans raison apparente. Il réagit de plus en plus souvent de façon excessive pour des riens. Et bien souvent, la peur que ces réactions excessives ne débouchent sur de la violence augmente le stress et l'angoisse de l'entourage...

Phase 6 : la dépression franche – attention, danger !

Votre proche sombre peu à peu dans la dépression nerveuse*. Au cours de cette phase, il est envahi par les idées noires, il pense qu'il ne peut plus continuer à souffrir de cette manière, et il peut même penser au suicide. Votre conjoint/votre parent/votre ami n'arrive plus à accomplir ses tâches quotidiennes. Il lui arrive aussi d'envisager de reprendre de l'alcool ou des drogues pour l'aider à passer ce cap. La dépression est dite majeure, c'est-à-dire qu'elle est constituée et qu'elle est source de handicap.

Phase 7 : la perte de contrôle

Durant cette phase, votre proche éprouve de plus en plus de difficultés à contrôler son comportement et à s'astreindre à des règles de vie pourtant nécessaires. Le déni est très intense et la personne n'a pas conscience du fait qu'elle est en train de déraper. Son quotidien devient chaotique, et les problèmes sociaux, familiaux ou professionnels s'accumulent.

* Lire à ce propos l'ouvrage *Aidez vos proches – La Dépression*, aux éditions Hachette Pratique.

Observation ■ Observation ■

Les symptômes de la dépression

Les symptômes les plus fréquents quand votre proche tombe dans la dépression franche sont les suivants :

- troubles de l'alimentation : votre proche va se mettre à manger trop ou pas assez, ce qui va avoir un retentissement sur son poids (il va grossir ou maigrir). Les repas ne sont plus pris à heure fixe, et sont loin d'être équilibrés (j'ai ainsi le souvenir de Fabrice qui pendant trois mois s'est nourri de pizzas qu'il se faisait livrer à son domicile matin et soir) ;

- perte de la capacité à éprouver du plaisir (c'est ce que l'on appelle l'anhédonie) : votre proche n'a plus envie de participer aux activités qui auparavant le passionnaient, il n'est plus motivé par les émissions qu'il aimait regarder à la télévision, il n'éprouve plus aucune satisfaction, quoi qu'il fasse. Par ailleurs, il a du mal à se lever le matin, ne sachant pas quoi faire de la journée à venir. Il est incapable de se concentrer, se sent angoissé, mal à l'aise. Il a l'impression d'être piégé et incapable de s'en sortir ;

- troubles du sommeil : votre conjoint/votre parent/votre ami éprouve des difficultés à s'endormir, il s'éveille plusieurs fois au cours de la nuit et surtout – c'est l'un des signes les plus évocateurs de dépression – il se réveille très tôt le matin, incapable de se rendormir. Le sommeil n'est pas réparateur (même s'il passe 15 heures au lit, votre proche est toujours fatigué) ;

- hygiène de vie défectueuse : votre proche ne se lève plus et ne se couche plus à des heures régulières, ne prend plus le temps de manger au moment des repas, ne prend plus soin de lui (aspect négligé, voire hygiène corporelle douteuse). Il n'arrive plus à mener à bien ses activités quotidiennes, ne respecte pas ses rendez-vous et est incapable de planifier ses sorties. L'angoisse le paralyse à certains moments, et à d'autres vous pouvez avoir l'impression qu'il est débordé mais cette agitation est bien souvent stérile (elle ne mène à rien) ;

- aggravation de l'isolement : lorsque votre proche est déprimé, il s'isole, devient irritable, ne supporte plus la compagnie des gens… tout en se plaignant que personne ne se préoccupe de ce qui lui arrive, que personne ne le comprend.

On retrouve alors :

- **Une participation de plus en plus irrégulière aux groupes d'entraide.** Votre conjoint/votre parent/votre ami cesse de se rendre aux réunions proposées, est absent aux rendez-vous avec son médecin, prend son traitement de manière irrégulière (quand il ne l'arrête pas totalement). Il trouve des excuses pour justifier son manque de sérieux concernant la prise en charge.

L'exemple de…

Massimo. « Les médecins et les associations d'anciens buveurs ne m'aident pas à me sentir mieux. À quoi bon perdre mon temps avec eux ? J'ai bien mieux à faire de mon temps ! », disait Massimo juste avant de rechuter.

- **Un comportement désinvolte.** Votre proche donne l'impression d'agir comme s'il ne se préoccupait pas des problèmes, qui pourtant s'accumulent. En réalité, cette attitude de « je-m'en-foutisme » lui permet de dissimuler ses sentiments d'impuissance, de perte de confiance en soi et de dénigrement personnel.
- **Un refus catégorique de l'aide qui lui est proposée.** La personne repousse les proches qui veulent lui porter assistance. Elle les fait fuir par ses crises de colère, les critique, les rabaisse ouvertement…
- **Un sentiment global d'insatisfaction.** Votre proche considère qu'en définitive il est bien plus mal depuis qu'il a arrêté de boire, et que, s'il consommait à nouveau de l'alcool, son

quotidien ne serait pas plus difficile à gérer que dans sa situation actuelle;

■ **Un sentiment d'impuissance.** Votre conjoint/votre parent/votre ami éprouve de plus en plus de difficultés à accomplir ses tâches habituelles, à penser clairement, à se concentrer et à prendre de la distance vis-à-vis des petits tracas de tous les jours. Il a le sentiment qu'il ne peut rien y faire, et commence à croire qu'il n'y a pas d'issue à son enfer.

Phase 8 : la prise de conscience

Si le dérapage se poursuit et que votre proche atteint ce stade, il prend alors conscience de la gravité de ses problèmes, il se rend compte à quel point il est difficile pour lui de reprendre sa vie en main. Cette prise de conscience est douloureuse et effrayante, ce d'autant qu'il se retrouve à présent isolé sur un plan social, amical, et parfois même familial. Les phénomènes les plus courants sont ici les suivants :

■ **Apitoiement sur son sort.** Votre conjoint/votre parent/votre ami se lamente sur sa situation, et se sert parfois même de cet état de détresse – de manière consciente ou inconsciente – pour tenter d'obtenir à nouveau le soutien de son entourage.

■ **Reprise éventuelle de la consommation d'alcool.** La personne pense de plus en plus sérieusement à consommer à nouveau de l'alcool. Elle se voit à présent assez forte pour boire normalement et contrôler les quantités ingérées. « Un petit verre de temps en temps m'aiderait à me sentir mieux, à diminuer mes angoisses », se disait Richard juste avant de replonger. Cette idée peut même devenir tellement obsédante qu'elle occupe l'esprit de votre proche de manière continue tout au long de la journée : seul l'alcool peut lui éviter de devenir fou ou de se suicider ! Boire à nouveau apparaît donc – à tort – comme une solution adaptée et rationnelle...

■ **Mensonge.** La personne reconnaît qu'elle refuse de voir les choses en face, qu'il lui est arrivé de mentir à son entourage, que ses excuses ne sont pas sincères... Mais elle ne parvient pas à mettre un terme à ce type de comportement.

■ **Sentiment de perdre pied.** Votre proche se sent littéralement débordé par ses problèmes, il a le sentiment de ne plus rien contrôler. Cette impression d'impuissance l'amène à croire qu'il est inutile, qu'il ne vaut rien, qu'il n'a aucune volonté, et en définitive la reprise de la boisson équivaudrait à une sorte d'autodestruction salutaire pour tout le monde.

Phase 9 : la remise en question des issues possibles

Votre proche se sent de plus en plus handicapé par sa douleur morale et son incapacité à gérer son quotidien de manière adaptée. Il ne voit bientôt plus que trois issues possibles à sa situation actuelle : la consommation d'alcool – ou de toxiques divers, tels que cannabis et autres drogues, médicaments psychotropes... –, le suicide ou la folie. Désabusé, il ne croit dorénavant plus qu'il lui est possible de s'en sortir. On retrouve généralement au cours de cette phase :

- **un sentiment d'irritabilité très important.** Votre conjoint/votre parent/votre ami est souvent énervé car les choses ne se déroulent pas comme il le souhaiterait. Ce sentiment peut être dirigé contre le monde en général, contre une personne en particulier, mais, dans la plupart des cas, il est dirigé contre lui-même ;
- **une interruption de toute prise en charge.** Qu'il s'agisse des réunions proposées par les groupes d'entraide, du traitement, des rendez-vous chez le spécialiste ou chez le médecin généraliste, tout est refusé en bloc. La personne peut même rompre toute relation avec son entourage si celui-ci se fait trop insistant concernant la reprise des soins ;
- **l'impression d'être submergé par les problèmes et les émotions négatives** telles que la frustration, la colère, et de ressentir une tension nerveuse. Votre proche est alors convaincu que la seule façon de faire cesser la douleur qui le ronge est de se suicider ou de recommencer à boire. La crainte de devenir fou est omniprésente, et associée à des sentiments d'impuissance et de désespoir.

Phase 10 : la rechute – « replonger » pour mieux rebondir ?

C'est la phase de dérapage proprement dite. Votre conjoint/votre parent/votre ami éprouve de plus en plus de difficultés à contrôler ses pensées, ses émotions, son comportement. Peu importent les efforts déployés par l'entourage ou le milieu médical pour le convaincre de poursuivre la prise en charge : il lui semble alors impossible de reprendre sa vie en main. La personne est en crise, elle est dans l'incapacité de fonctionner de manière adaptée, et ce pour diverses raisons :

- **Détérioration de tous les domaines de sa vie.** Votre proche est alors incapable d'exercer son activité professionnelle habituelle, de voir ses amis, d'assurer son rôle de parent ou de conjoint. Toutes les fondations qui lui permettaient jusqu'à présent de garder la tête hors de l'eau s'effondrent, les unes après les autres.
- **Prise plus ou moins régulière d'alcool, voire de toxiques** (drogues, médicaments psychotropes, éventuellement les deux associés). Dans le but d'échapper à la douleur morale et au désespoir, votre conjoint/votre parent/votre ami va essayer de « contrôler » sa consommation, mais ce « contrôle » ne durera pas bien longtemps : la rechute est alors inévitable ;
- **Effondrement moral.** Les variations de l'humeur sont fréquentes, et peuvent surprendre l'entourage par leur aspect excessif. N'oubliez pas que l'alcool a un pouvoir dépressogène (c'est-à-dire qu'il peut entraîner une dépression) très important. Des tentatives de suicide sont possibles.
- **Épuisement physique.** Cet épuisement peut devenir un réel handicap pour la vie de tous les jours.
- **Isolement social.** Les relations avec les autres sont très pauvres, voire inexistantes.
- **Stress intense.** L'angoisse est omniprésente ; elle est d'ailleurs mise en avant par votre proche pour « expliquer » sa réalcoolisation ;

■ **Survenue d'accidents.** Le risque d'accident est majeur, qu'il s'agisse d'accidents de la route ou d'accidents domestiques, voire d'accidents professionnels.

À savoir

Si votre conjoint/votre parent/votre ami atteint la phase 10, il n'a plus vraiment le choix : il va devoir bénéficier à nouveau d'une prise en charge adaptée, avec pour premier objectif l'abstinence totale. Quoi qu'il en soit, vous devez avant tout éviter de le culpabiliser : la route est longue, bien souvent parsemée de dérapages, de petits écarts, voire de rechutes.

Ne relâchez pas la vigilance

Les dix phases exposées ci-dessus ne représentent pas un « parcours obligatoire » : pour le conjoint/les parents/les amis d'une personne alcoolo-dépendante, l'important est avant tout de rester vigilant pour éviter que le cercle infernal ne se reconstitue. La rechute n'est pas une évolution obligatoire, loin de là, mais elle peut faire partie de l'histoire de la personne alcoolo-dépendante et de ses proches. Le tout est de le savoir, et de l'éviter lorsqu'on le peut (une visite en urgence chez le médecin traitant est alors recommandée, et ce dès les premiers signes avant-coureurs d'une éventuelle rechute).

Les 15 questions les plus fréquentes

S'il ne fallait retenir que quelques concepts fondamentaux au sujet de l'alcoolisme, quels seraient-ils ? Je vous propose ici de dénoncer quelques idées reçues, en répondant clairement aux questions qui me sont le plus fréquemment posées en consultation par les proches de personnes alcooliques ou par ces dernières elles-mêmes.

1 La dépendance à l'alcool est-elle héréditaire ?

Il n'est pas rare de constater que, dans une même famille, l'alcoolisme perdure de génération en génération. Cela peut s'expliquer, en partie, par une transmission génétique. Mais attention : ce n'est pas l'alcoolisme qui est « hérité », mais simplement une vulnérabilité vis-à-vis de l'alcool (voir p. 19, « Quelles sont les causes de l'alcoolisme ? »).

L'environnement d'une personne (conjoint, parents, amis, stress, accès facile à l'alcool...), on l'a vu, peut influencer directement l'installation d'une alcoolo-dépendance.

À l'inverse, d'autres facteurs liés à la personnalité de l'individu et à l'entourage proche peuvent avoir un effet protecteur vis-à-vis de la consommation d'alcool, et ce même pour une personne « à haut risque d'alcoolo-dépendance ». Il est donc important de ne pas confondre risque et fatalité. Si le risque de

À savoir

Évitez absolument les remarques du genre : « Tu t'es encore saoulé avec tes copains ce soir. Tu finiras alcoolique comme ton père ! »

développer des problèmes d'alcool est trois fois plus important pour un fils ou une fille d'alcoolo-dépendant, seule une petite proportion d'entre eux deviendra alcoolo-dépendante (15 % des garçons et 5 % des filles).

Par ailleurs, une personne sans aucun antécédent d'alcoolisme familial peut devenir elle-même alcoolo-dépendante.

2 Est-ce que l'alcool désaltère ?

Quoi de plus désaltérant qu'une bonne bière bien fraîche lorsqu'il fait très chaud ? Et si c'est la canicule, pourquoi ne pas en boire quatre ou cinq ?...

Prendre un petit pastis avec deux glaçons à l'ombre d'un olivier en plein mois d'août est un rituel quasiment incontournable sur la Côte d'Azur, et apaise la soif. Et si les amis sont là, alors on remplit cinq ou six fois d'affilée les verres...

Eh bien, vous devez savoir que, quels que soient la couleur, le parfum et le goût de l'alcool ingéré, il ne désaltère pas si les quantités sont excessives. Au contraire, il déshydrate !

3 Un effort physique soutenu permet-il d'éliminer l'alcool plus rapidement ?

« Moi, avec ce que je soulève comme moellons dans la journée, je peux me permettre de boire un litre de rouge à chaque repas ! », me disait Roger, manœuvre sur un chantier.

Ce que j'ai expliqué à Roger, c'est que l'énergie libérée par l'alcool n'est pas utilisable immédiatement et directement par le corps humain. Donc, même si un effort intense augmente notre consommation d'énergie, l'alcool est toujours brûlé en même quantité, et à la même vitesse. Non, l'alcool n'est pas un « carburant » pour notre organisme !

4 Existe-t-il des médicaments particuliers pour lutter contre la dépendance à l'alcool ?

Trois types de médicaments sont prescrits dans le traitement de l'alcoolo-dépendance :

■ Les premiers sont des tranquillisants qui appartiennent à la famille des benzodiazépines, comme l'oxazépam (Seresta©), le lorazépam (Temesta©) ou le diazépam (Valium©). Ces produits sont utilisés pendant la période du sevrage physique pour diminuer ou éviter les signes de manque qui peuvent se développer à l'arrêt de l'alcool (tels que tremblements, sueurs, palpitations, angoisse, crises d'épilepsie et *delirium tremens*). Mais attention : si elles sont prescrites pendant une durée trop longue, les benzodiazépines entraînent une dépendance. Ne plus être dépendant à l'alcool mais être « accro » aux médicaments ne me semble pas être un grand progrès... Il faut donc veiller à ce que la prescription de ces tranquillisants ne dépasse pas douze semaines au total. Ils sont généralement associés à des vitamines (B1 et B6).

■ La deuxième catégorie de médicaments utilisée aide à être abstinent en diminuant l'envie de boire : il s'agit de l'acamprosate (Aotal©) et de la naltrexone (Revia©). Prescrits dans le cadre d'un suivi médical, social et psychologique adapté, ces médicaments agissent de manière à diminuer l'envie de consommer de l'alcool et constituent donc une protection contre la rechute.

■ Je vous cite pour mémoire une troisième classe de médicaments, que l'on appelle les médicaments *antabuses*. Le but de ce type de produits est d'empêcher la personne de consommer de l'alcool : le disulfirame (Esperal©) a en fait un effet dissuasif sur la personne. Si votre proche prend ce médicament le matin et qu'elle consomme de l'alcool au cours de la journée, elle va être victime d'un malaise sévère associant nausées, vomissements, palpitations et rougeur intense du visage. Toutefois, si votre conjoint/votre parent/votre ami a un état de santé précaire, cette réaction peut être à l'origine de complications physiques (pouvant aller jusqu'au coma) nécessitant une hospitalisation. Actuellement, l'Esperal© n'est prescrit qu'en dernier recours et chez des patients qui en font la demande.

5 Est-ce que l'alcool stimule ?

Plus ou moins, dans certaines limites. Le rôle excitant de cette substance est bien connu, en tout cas la personne qui boit a cette impression. L'alcool fait disparaître, dans une impression d'euphorie et de désinhibition, les signaux d'alarme qui généralement nous invitent au repos. Mais concrètement, l'alcool ralentit l'activité du cerveau : la vigilance est moins bonne.

De plus, combiné avec certains médicaments et/ou certains toxiques, il modifie dangereusement cette activité et peut être à l'origine d'effets secondaires dangereux (par exemple le cocktail détonnant : alcool + ecstasy dans les *raves*).

6 Est-ce que l'alcool conserve ?

On a tous en tête l'histoire du grand-père qui tient une forme impressionnante malgré son grand âge, et cela « grâce » à une consommation régulière d'alcool. Le seul problème, c'est que l'on a tendance à citer ce cas en exemple plutôt que celui de la dizaine de ses copains de bistrot qui sont décédés prématurément des suites d'une cirrhose, d'un cancer du foie ou d'une pancréatite... De plus, si le papi en question n'avait pas touché à une goutte d'alcool dans sa vie, je peux vous assurer qu'il serait en aussi bonne santé, sinon meilleure encore !

7 Est-ce que l'alcool soigne ?

C'est un préjugé tenace et profondément inscrit dans nos mentalités. Le « chabrot », le grog, le vin et le cidre chauds, l'alcool de menthe, la chartreuse, la poire... servent encore de potion magique ! Vous devez savoir que champagne, porto ou bordeaux ne « remontent » pas un malade.

8 Est-ce que l'alcool réchauffe ?

Cette croyance – tout à fait erronée – est encore tenace. L'image du saint-bernard avec son tonnelet de rhum autour du cou qui va sauver le montagnard égaré est présente dans tous les esprits. Bon nombre de personnes croient que la lichette de schnaps par les petits matins d'hiver, le grog, le punch bien tassé, les bols de vin et de cidre chauds garantissent contre le froid et le risque de grippe. Bien entendu, tout cela est archi-faux !

9 Et si mon conjoint/mon parent/mon ami alcoolo-dépendant refuse de se faire aider ?

On ne peut pas obliger votre proche à se faire traiter, sauf dans certaines situations de crise particulières (par exemple s'il existe un problème médical subit et sérieux impliquant l'entourage et/ou la justice, comme la survenue de violences conjugales). Une crise dont la consommation d'alcool est à l'origine peut être l'occasion d'une prise de conscience concernant la gravité de la situation. Cela peut vous permettre de faire le point avec votre conjoint/votre parent/votre ami, qui ensuite acceptera peut-être une prise en charge adaptée. Les équipes de soins spécialisées dans ce type de troubles donneront à votre proche des conseils et des informations qui le pousseront à envisager une cure de sevrage, mais toujours de façon volontaire.

10 Mon conjoint/mon parent/mon ami doit-il également supprimer son verre de vin rouge au cours des repas ?

Bien entendu. Ce n'est pas parce que l'alcool est consommé pendant le repas – « Quoi de plus agréable qu'un bon bordeaux pour accompagner le fromage ? » – qu'il est pour autant moins nocif pour votre proche. Il faut d'ailleurs savoir qu'il s'agit là d'une des principales causes de rechute.

Il est certain que l'alcoolémie, c'est-à-dire la quantité d'alcool présente dans le sang à un moment donné, augmente de façon plus importante lorsque l'on boit à jeun. Mais manger ne fait que retarder l'absorption de l'alcool, cela ne diminue pas son taux. Contrairement à un apéritif où le taux d'alcoolémie grimpe en flèche, il se stabilise au cours d'un repas, où l'on boit moins vite. Une même quantité d'alcool, suivant qu'elle est consommée à jeun, au cours d'un repas ou fractionnée en plusieurs portions, ne produit donc pas la même alcoolémie.

11 Quelle est la dose à ne pas dépasser lorsque l'on n'a pas de problème d'alcool ?

■ **Pour les femmes** : ne pas dépasser deux verres d'alcool par jour.

■ **Pour les hommes** : ne pas dépasser trois verres d'alcool par jour.

■ **Pour les buveurs occasionnels** : ne pas dépasser quatre verres par jour, à condition que « l'occasion » soit réellement exceptionnelle !

12 Les personnes qui « tiennent bien » l'alcool sont-elles protégées contre l'alcoolisme ?

En fait, c'est plutôt l'inverse qui se produit. Les individus qui supportent le mieux l'alcool sont ceux qui ont paradoxalement le plus de difficultés avec cette substance. Ils sont persuadés de « bien tenir le coup », mais ont finalement moins conscience que les autres d'être des buveurs excessifs. Près de la moitié des ennuis de santé et des problèmes sociaux liés à la consommation excessive d'alcool concernent cette catégorie de personnes. De plus, lorsqu'on boit de l'alcool très régulièrement, on en perçoit moins les effets : on a l'impression que l'on résiste mieux, mais en fait cela ne change rien à la quantité d'alcool que l'on a dans le corps.

13 Est-ce que l'alcool a des effets sur la sexualité ?

Si l'alcool semble augmenter le désir sexuel à faible dose (en fait, il ne fait que diminuer les inhibitions), il entraîne des difficultés d'excitation s'il est consommé en plus grande quantité. Il faut savoir que, lorsque la consommation est chronique et massive, des dommages permanents peuvent être notés (baisse de la libido, impuissance chez l'homme, défaut de lubrification vaginale chez la femme, difficultés à atteindre l'orgasme).

14 Lorsqu'une femme est alcoolo-dépendante avant ou pendant sa grossesse, quelles sont les conséquences pour l'enfant à naître ?

■ Si une femme alcoolo-dépendante cesse de boire avant d'être enceinte, il n'y aura aucun dommage pour l'enfant. Les seules conséquences éventuelles de cette consommation d'alcool antérieure à la grossesse porteront sur la santé de la mère.

■ Si une femme alcoolo-dépendante est enceinte et continue de boire pendant sa grossesse, il y a de nombreux risques pour l'enfant à naître. Le plus grave est le « syndrome d'alcoolisme fœtal », consécutif à l'alcoolisation régulière du fœtus tout au long de sa constitution (l'alcool consommé passe dans le sang de la mère, puis dans celui du fœtus). Les principaux signes sont les suivants :

- malformations crânio-faciales : réduction de la taille du crâne, de celle du nez et de la lèvre supérieure, mâchoire inférieure plus petite et en retrait, rétrécissement des paupières ;

- retard de croissance : la taille et le poids sont globalement inférieurs aux normes (de 80 à 160 grammes de moins en moyenne pour une consommation de 2 à 3 verres par jour) ;

- anomalies du système nerveux : retard du développement, difficultés d'apprentissage, malformations au niveau du cerveau ;

- malformations d'organes : elles peuvent concerner le cœur, les articulations, les organes sexuels. Mais il n'est pas clairement prouvé que l'alcool soit ici le seul responsable.

Une consommation d'alcool importante durant toute la durée de la grossesse expose l'enfant à un risque élevé (de 30 à 40 % des cas) de syndrome d'alcoolisme fœtal.

Les consommations occasionnelles d'alcool pendant une grossesse (un ou deux verres de vin par exemple à l'occasion d'une fête) ne causent apparemment pas de dommages, mais dès qu'il s'agit d'une consommation un peu plus régulière ou un peu plus importante, la santé de l'enfant à naître est en danger.

15 Le fait de mélanger l'alcool avec du jus de fruits ou de l'eau diminue-t-il le taux d'alcoolémie ?

Absolument pas ! L'alcoolémie reste directement liée à la quantité d'alcool que l'on va verser dans le verre. La majeure partie de l'alcool ingéré (98 %) est absorbée, puis éliminée par le foie (et quasiment pas par les reins !). Y ajouter de l'eau ou du jus de fruits n'a donc aucune influence sur le taux d'alcool par litre de sang (tout en sachant que le sucre peut favoriser l'absorption de la substance). L'alcool s'élimine également par les poumons – c'est pourquoi on fait souffler dans un ballon les conducteurs automobiles – et par la peau (transpiration), mais en quantité minime.

CONCLUSION

L'alcoolo-dépendance d'un proche est un problème grave, qui nécessite l'implication de tout son entourage pour l'aider à s'en sortir. Bien évidemment, les solutions proposées dans cet ouvrage doivent être adaptées à chaque cas. J'ai essayé, à partir de mon expérience de psychiatre, de vous donner quelques « clés » pour soutenir votre conjoint/votre parent/votre ami alcoolo-dépendant, sans toutefois vous laisser happer par le quotidien d'une personne qui souffre d'addiction.

En conclusion, je souhaite insister sur quelques points fondamentaux qu'il vous faudra retenir pour éviter les pièges.

- La personne qui consomme de l'alcool est seule responsable de ses choix. Même si elle vous soutient le contraire, rien ne la pousse à boire : elle est triste, angoissée, en deuil, au chômage, malade ? Oui, mais il n'y a là aucune raison d'ingurgiter trois litres de bière chaque jour ! Il est donc important qu'elle décide de se prendre elle-même en charge si elle veut se sortir de cet enfer, et qu'elle arrête de donner de fausses explications à son comportement déviant. Si elle ne prend pas ses responsabilités, elle ne pourra pas s'en sortir.
- L'entourage, même s'il est de bonne volonté et tout à fait prêt à aider la personne alcoolo-dépendante, se retrouve généralement impuissant face à ce type de trouble. Dans l'idéal, vous devez apprendre à vous détacher du problème

(c'est ce que l'on appelle le « lâcher prise ») pour éviter de tomber dans les pièges du conflit, des reproches et de la relation pathologique avec votre conjoint/votre parent/votre ami. Ainsi, même si vous offrez une oreille attentive à votre proche et que vous proposez votre aide, vous devez vous appliquer à garder votre autonomie, à répondre à vos propres besoins et à rester en phase avec vos émotions. C'est ce détachement et cette ouverture à vous-même qui vous permettra, lors des périodes de sobriété, de manifester votre désaccord et d'exprimer vos émotions à la personne concernée par le problème.

■ Vous devez entreprendre une démarche personnelle visant à vous épanouir, et surtout éviter les écueils de la manipulation et de la culpabilité. Ce sont des armes que la personne alcoolo-dépendante utilise plus ou moins consciemment pour justifier ses habitudes, et son entourage ne doit pas en devenir le jouet.

■ Il peut être très utile d'adhérer à un groupe d'entraide, mais ce n'est pas une nécessité. Il s'agit d'un choix personnel qui peut être salutaire pour votre conjoint/votre parent/votre ami alcoolo-dépendant, voire pour vous-même : l'expérience de personnes « qui sont passées par là » permet bien souvent de ne pas se sentir isolé, démuni, et d'adopter une attitude plus saine face au problème de l'alcool.

■ Enfin, n'oubliez jamais que vous êtes de véritables alliés pour le médecin dans la prise en charge d'un conjoint/d'un parent/d'un ami alcoolo-dépendant. Tout est dans la manière de faire vivre cette alliance au quotidien.

« La vie est belle et vaut la peine d'être vécue, même avec ses peines quotidiennes. Je voudrais insister sur le fait qu'il y a un temps pour vivre, se laisser vivre, et un temps pour réfléchir au véritable problème qu'est une dépendance. J'en ai traversé de nombreuses... Le face à face avec l'alcool n'était pas ma dernière lutte ; du moins, à l'époque, je ne le savais pas... Lutte est un mot que je n'aime d'ailleurs pas employer, car pour lutter il faut se forcer, donc se battre, et à force d'endurer des combats on se fatigue et l'on devient vulnérable... J'ai derrière moi une dépendance appelée « alcoolisme ». Alcoolique un jour, alcoolique pour toujours... Oui, pour toujours, puisque c'est une maladie que l'on ne peut soigner, mais que l'on peut contrôler. Comment ? En devenant abstinent et en le restant !

J'ai 41 ans, et j'ai bu quasiment sans discontinuer depuis l'âge de 16 ans. Je buvais chaque jour de plus en plus, sans me rendre compte de ce qui se passait. J'avais toujours vu boire mes parents, mes grands-parents... Enfin, cela tenait de famille. J'étais né dedans, et avais grandi avec.

Des conneries, j'en ai fait... Mes diverses pertes d'emploi en sont un exemple. J'avais de bons postes, mais à chaque fois, l'alcool aidant, je baissais les bras devant mes responsabilités.

Je me suis marié à 19 ans pour quitter la maison. Mais même au sein de mon couple, cela n'allait pas. Ce n'est pas parce que j'avais quitté la maison que j'osais affronter le regard et la colère de mon père, et l'alcool me servait de remontant. Ma femme m'a posé un ultimatum : je devais impérativement arrêter de boire, ou c'était la rupture. Ainsi, ma première abstinence (non volontaire) a duré de mes 21 à mes 24 ans, puis j'ai rechuté de plus belle. À chaque rechute, on rattrape le retard, et on ingère tout ce que l'on n'a pas bu jusqu'alors. On boit différemment. On croit gouverner le monde. De plus, au moment de ma rechute – que j'appellerai « reprise » –, je croyais être guéri ; je me disais que, si j'avais su rester trois ans sans toucher un verre, il me serait aisé de boire avec modération, intelligemment, comme tout le monde, quoi !

Cela s'aggravait au niveau du boulot : gérant de trois magasins de chaussures avec pas mal d'employés et une responsabilité commerciale, j'ai tout fait foirer sur un coup de tête. Un soir, un peu plus dans le cirage que d'habitude, j'ai choisi de succomber aux avances de l'une de mes vendeuses, âgée de 20 ans. Sept ans nous séparaient, mais qu'importe ! Enivré par les vapeurs de l'alcool, j'ai commis l'irréparable : le lendemain, au réveil, une surprise de taille m'attendait. Je me rendis alors compte de la bêtise que je venais de faire. J'ai ainsi perdu mon emploi, ma femme et ma fille.

Et j'ai continué à boire encore plus pour oublier cette succession d'échecs ! Mais je ne devais en vouloir qu'à moi-même, car personne ne m'avait poussé à commettre un tel acte. J'étais le seul responsable.

Chômeur, j'ai erré ainsi de bistrot en bistrot, de verre vide en verre plein. Je cachais les bouteilles, ou alors les achetais en double : une pour bien montrer que je n'avais pas touché à l'alcool, et l'autre qui prenait bien vite le chemin de la poubelle, désespérément vide ! J'ai connu ainsi le mensonge, qui va de pair avec l'alcool ; ils font bon ménage ensemble.

De 27 à 29 ans, j'ai finalement à nouveau arrêté pour ma fille, car je ne voulais pas qu'elle soit le témoin de ce que j'avais moi-même vécu tout au long de ma jeunesse : les cris, les colères et la déchéance d'un père.

Dans ma trentième année, à partir du mois de mars – le 4 exactement – et ce pendant trois mois d'affilée, je n'ai jamais été sobre. Mon besoin d'alcool augmentait de jour en jour. Je n'en avais jamais assez. Un jour de la fin mai 1988, en congé-maladie chez une tante en Belgique, je reçus un coup de fil de ma femme (nous étions séparés à ce moment-là) me disant que ma fille, alors âgée de 5 ans, avait été hospitalisée de toute urgence en service d'oncologie dans un hôpital universitaire pour un grave problème sanguin. J'ai dû attendre le lendemain matin, après avoir passé une nuit sans boire, pour pouvoir prendre la route et faire 200 km avec un taux d'alcoolémie pas trop important. Mais avant le départ, j'ai dû boire une bouteille de Martini pour pouvoir conduire, tellement j'étais en manque : je tremblais, et je ne pouvais prendre le volant. Je suis tout de même arrivé à l'hôpital ! Heureusement, ma fille avait été sauvée de justesse. Je me suis vu à la cafétéria, un verre de bière devant moi, posé sur la table. Je le regardais sans oser le toucher, car je savais que ma main allait se mettre à trembler, ce qui est arrivé d'ailleurs. Tel un malade, j'ai bu mon verre en tremblant de tout mon corps... Tous les matins, j'avais ce même symptôme qui caractérise le manque.

Quelques jours plus tard, j'ai vu, à 7 heures du matin, dans une brasserie, un petit vieux commander une grande bière brune avec une paille. Assez étonné, je me suis dit que, s'il en buvait beaucoup comme ça, il serait vite saoul... Quel a été mon sentiment de tristesse et de révolte quand j'ai vu qu'il était obligé de boire ainsi trois verres à la paille avant de pouvoir enfin ingurgiter le quatrième normalement, en se servant de sa main qui tremblait encore... À cet instant-là, j'ai compris que l'alcool et moi on n'était pas faits l'un pour l'autre. On ne pouvait pas vivre ensemble. Cette incompatibilité m'empêcherait toujours de mener une vie normale.

J'ai arrêté le 1er juin 1988, et jusqu'à ce jour (bientôt dix-huit années) je suis abstinent. Est-ce pour la vie ?...

Je me suis rendu le premier jour de mon arrêt à une réunion d'anciens buveurs, et une seconde fois trois jours plus tard. J'ai retenu deux choses essentielles : avancer prudemment, 24 heures à la fois, et ne jamais succomber au premier verre. Je dois dire que je ne suis plus jamais retourné à ce type de réunion, mais ces deux phrases m'ont aidé au début de mon parcours. Aujourd'hui, je les ressors de ma mémoire pour les mettre sur le papier...

Il est vrai, absolument vrai, que pour un alcoolique il est facile d'arrêter de boire. Il suffit de résister à la pulsion de prendre le premier verre et l'envie du deuxième ne se fera jamais ressentir. Inutile cependant au début de son sevrage de se dire que plus jamais on ne pourra boire un verre d'alcool, pour deux raisons. La première est que vouloir envisager son abstinence à longue échéance est déprimant car on est alors persuadé que la vie sans alcool est triste : notre humeur change, on voit la vie et les événements différemment, sous un autre angle. On se retrouve de l'autre côté du miroir, un peu comme dans un film dont on se retrouve spectateur. L'alcoolique est l'acteur de sa propre déchéance, tandis que lorsqu'il devient abstinent il devient le réalisateur de sa vie, il prend enfin son existence en main.

Les premières semaines, ce n'est pas toujours évident, mais tout s'apprend ; tout comme on a appris à lire et à compter, on va apprendre petit à petit à réfléchir enfin la tête sereine et non embrouillée par les vapeurs d'alcool...

Est-ce que la vie est plus belle sans alcool ? Pour moi aujourd'hui oui, car malgré toutes les fêtes et les réveillons auxquels j'ai participé et durant lesquels je n'ai bu que de l'eau gazeuse, je me suis aussi bien amusé que ceux qui buvaient. Le plaisir et le bonheur de la vie ne se trouvent pas au fond d'un verre ou d'une bouteille d'alcool. Quand la bouteille est vide, on est obligé d'en déboucher une pleine : c'est une suite sans fin.

Mettre sur veille, couper les moteurs, voilà ce qu'il faut faire... Mais non pas parce que l'on te l'impose par chantage affectif ou pour une raison familiale, voire professionnelle, ou encore médicale, car tôt ou tard cet argument se fissurera en toi et te remettra sur le chemin qui mène à la perdition.

Alcoolique on l'est, alcoolique on le reste toute sa vie. À toi de vouloir devenir abstinent, et surtout de le rester. Vivre libre, sans dépendance à la boisson : c'est toi qui guides ta vie, et non le contenu d'une bouteille. Personne n'a jamais trouvé les réponses à ses questions et à ses problèmes au fond d'un verre vide...

Si je peux te laisser un message dans la dernière bouteille que tu es en train de vider, c'est celui-ci : la vie ne vaut rien, mais rien ne vaut une vie, alors ne la gâche pas ; sois fort et patient. Avec de la patience, on apprend à être sage. Jour après jour, semaine après semaine, tu y arriveras, comme des millions d'autres avant toi y sont arrivés. Toi aussi tu le peux, tu n'es pas différent de moi. Si j'ai pu y arriver, toi également... Je l'espère, c'est ce que je souhaite en tout cas.

Depuis la fin de cette période noire, je n'ai plus d'attirance pour l'alcool, ni de tendances à la consommation impulsive, ni même d'envie sournoise de boire, même dans des cas difficiles. Pourquoi ? Tout simplement parce que j'ai admis ma dépendance, et j'ai compris qu'il était nécessaire de l'accepter tout en l'écartant de ma vie.

Lors de mes premières périodes d'abstinence, j'ai cru que j'étais guéri et que je pouvais à nouveau boire un verre comme tout le monde. C'est une grosse erreur que de penser que, si l'on est dépendant d'une substance, on pourra un jour la consommer de manière adaptée. J'ai mis du temps à le comprendre, des années d'ivresse ont été nécessaires. Tous les jours saoul, jamais violent. Mais une vraie loque, un zombie, un moins que rien...

Aujourd'hui, j'ai de l'estime pour moi-même et pour tout ce chemin accompli. Abstinent et heureux de l'être, encore après dix-huit ans...

Pardonnez-moi si j'ai été long dans ce témoignage. J'ai pensé que cela pouvait vous être utile de savoir qu'une dépendance, quelle qu'elle soit, est toujours difficile à vaincre, mais qu'on peut y arriver si l'on a en soi cette formidable envie de réussir...

Merci de m'avoir lu. »

Arnaud

POSTFACE

Privé de désir ?

Le vin n'a que nos défauts. Gardons-nous de le transformer en une bouteille émissaire contre laquelle notre tentation légitimerait l'exorcisme. Point n'est besoin d'arracher la vigne afin de venir à résipiscence. Notre monde a roulé les barriques immémoriales d'une culture dont nous revendiquons l'héritage et la poésie.

Dans cet univers peuplé d'objets intentionnels – de noèmes, *si l'on reprend la terminologie des phénoménologues –, notre pensée vendange ses formes, son devenir, sa mémoire et ses interprétations.*

Pour cette raison, la dépendance morbide à l'alcool ne saurait se confondre, en la considérant par méprise hors du carcan pathologique, avec le désir d'un plaisir : esthétique – au sens étymologique d'une émotion dont découlerait un art de vivre.

*Jacques Lacan nous eût expliqué sans doute, lors d'un séminaire tenant lieu de banquet, qu'il convient de ne pas perdre l'envie, de ne point succomber à ce qu'il nomme l'*aphanisis *– la disparition de l'attente active, celle de papilles ou de récepteurs capables* *de maintenir le corps et l'âme à l'espère, c'est-à-dire « aux aguets »...* Les *nez de vin comme ceux des parfums connaissent, en effet, ces prémices magiques, source et ressource de l'imaginaire.*

Quelque part dans L'Homme qui rit, *Victor Hugo note : « Il y a l'ivresse et il y a l'ivrognerie. L'ivresse, c'est de vouloir une femme ; l'ivrognerie, c'est de vouloir la femme... » Ainsi se satisfait la soif de tous les alcools sans vraiment se satisfaire : pathétique esclavage où le verre-objet ne reflète aucune réminiscence, n'inspire aucun amour, ne « surexpose » aucun paysage de conscience à l'ineffable lumière d'un ailleurs de la sensation.*

Dans l'addiction maladive, la statue de Condillac demeure inerte à côté d'un flacon que pétrifient la solitude et l'aboulie. Dans le bonheur de goûter à l'esprit d'un vin, convivial et partagé même lorsque l'on est seul, l'instant trouve au contraire son compte en élan vital, exacerbation baudelairienne d'une multitude cénesthésique de désirs, lesquels guident l'être-en-marche vers une plénitude à ne jamais atteindre pour mieux rester en vie, que l'on pourrait tout aussi bien écrire en un seul mot significatif : envie.

Car le vin ne livre un peu de ce qu'il est qu'à travers ce que nous sommes. Si l'on dit, par métaphore anthropomorphique, qu'on l'élève, tel un petit d'homme, encore s'agit-il de comprendre qu'il contient en couleur et bouquet le souvenir des millésimes à promettre, l'insaisissable mais intense durée de notre désir dans l'espace-temps.

Broyé par l'engrenage de l'alcoolisme, l'on devient – hélas – objet de la boisson : brume fusionnelle dépourvue d'éclaircie qui délite l'âme dans un épouvantable glouglou d'alambic-métronome. En attendant Godot...

...Tandis que la cave s'anime d'un ferment salutaire et conjugue le verbe goûter qui va rendre en attaque ou rondeur, à l'inverse d'une léthargie « vinassière », à la langue, aux narines, au palais, vivants, bien vivants, profondément joyeux de humer ou de saliver leurs rêves générateurs, l'unique et multiple sensibilité de la terre des hommes.

Pr Max Poty
Docteur ès lettres
Université de Metz

ANNEXES

Test : où votre proche en est-il avec l'alcool ?

Il existe différents tests qui permettent à votre proche de savoir où il en est vis-à-vis de l'alcool. Le questionnaire SMAST (*Short Michigan Alcoholism Screening Test*), ci-dessous, est l'un des plus utilisés. Il comporte treize items explorant divers aspects de la consommation d'alcool. Le score total permet d'évaluer l'absence ou l'existence d'une dépendance, ainsi que ses éventuelles répercussions sociales, physiques ou psychologiques. Attention : il ne remplace par le dialogue avec son médecin traitant.

Questionnaire SMAST	Oui	Non	
1. Pensez-vous que vous consommez de l'alcool en quantité plus importante que la normale ?	2	0	❒
2. Vos proches vous ont-ils déjà fait des reproches au sujet de votre consommation d'alcool ?	1	0	❒
3. Vous êtes-vous déjà senti coupable au sujet de votre consommation d'alcool ?	1	0	❒
4. Est-ce que vos amis et vos proches pensent que vous êtes un buveur normal ?	0	2	❒
5. Arrivez-vous toujours à stopper votre consommation d'alcool quand vous le voulez ?	0	2	❒
6. Avez-vous déjà assisté à une réunion d'anciens buveurs pour un problème d'alcool ?	5	0	❒
7. Est-ce que l'alcool a déjà créé des problèmes entre vous et votre conjoint ?	2	0	❒
8. Avez-vous déjà eu des problèmes professionnels à cause de votre consommation d'alcool ?	2	0	❒

9. Avez-vous déjà négligé vos obligations, votre famille ou votre travail pendant deux jours de suite ou plus en raison de votre consommation d'alcool ?	2	0	❐
10. Avez-vous déjà demandé de l'aide ou des conseils à autrui au sujet de votre consommation d'alcool ?	5	0	❐
11. Avez-vous déjà été hospitalisé en raison de votre consommation d'alcool ?	5	0	❐
12. Avez-vous déjà été arrêté, ne serait-ce que quelques heures, en raison d'une ivresse ?	2	0	❐
13. Avez-vous déjà été inculpé pour ivresse au volant?	2	0	❐
Total			

Comment remplir ce questionnaire

Ce petit questionnaire dit « d'auto-évaluation » permet à chacun d'apprécier de manière fiable les rapports qu'il entretient avec l'alcool. Faites-en une première lecture, puis répondez aux treize questions (réponse « Oui » ou « Non », selon votre cas).

Pour chaque réponse, reportez le nombre de points (0, 1, 2 ou 5) dans la case de droite. À la fin du test, faites le total et reportez-vous aux commentaires ci-après.

■ Votre score est compris entre 0 et 3 points

Vous n'êtes très probablement pas dépendant à l'alcool (vérifiez cependant que votre consommation ne dépasse pas régulièrement deux verres par jour si vous êtes une femme, trois verres par jour si vous êtes un homme).

■ Votre score est compris entre 3 et 5 points

Soyez attentif, l'alcool semble occuper une place importante dans votre quotidien. Il est utile pour vous d'aborder cette question avec votre médecin traitant lors de votre prochain rendez-vous. Si la dépendance à l'alcool est confirmée, peut-être n'est-elle installée que depuis peu... Il sera alors facile d'y remédier.

■ Votre score est supérieur à 5 points

Il convient d'aborder au plus vite cette question avec votre médecin traitant, car l'alcool vous est probablement devenu indispensable.

Adresses utiles

■ Alcooliques anonymes

21, rue Trousseau
75011 Paris
Tél. : 01 48 06 43 68
Site Internet : http://www.alcooliques-anonymes.fr

Les « AA » sont une association d'hommes et de femmes qui partagent leur expérience dans le but de résoudre leur problème commun et d'aider d'autres personnes à se rétablir de l'alcoolisme. La seule condition requise est le désir d'arrêter de boire. Il s'agit de transformer le buveur en non-buveur à travers un programme thérapeutique prévu en douze étapes.

Les AA constituent un mouvement international très important puisqu'ils sont plus de 2 millions dans le monde, répartis dans 134 pays. En France, ils sont plus de 10 000 répartis dans 600 groupes. Ils appartiennent à toutes les classes sociales, et la proportion de femmes y est importante (près de 40 %). Ils travaillent également en collaboration avec des médecins.

■ Association nationale de prévention en alcoologie et addictologie (ANPAA)

20, rue Saint-Fiacre
75002 Paris
Tél. : 01 42 33 51 04
Site Internet : http://www.anpa.asso.fr

L'ANPAA est une association privée subventionnée par l'État et les grands organismes sociaux ; elle est largement décentralisée. Elle cherche à promouvoir en France une politique globale de prévention à l'égard de l'alcoolisme. Chaque année, elle fait de l'information en milieu scolaire, professionnel, et dans les milieux à risque. Elle veille à ce que la législation (publicité illicite, code des débits de boisson) soit respectée. Un service documentation regroupe et diffuse toute une information en alcoologie.

L'ANPAA édite une revue trimestrielle : *Alcool ou santé*.

■ Institut national de prévention et d'éducation pour la santé (INPES)

42, boulevard de la Libération
93203 Saint-Denis Cedex
Tél. : 01 49 33 22 22
Site Internet : http://ww.inpes.sante.fr

L'INPES est un acteur de santé publique plus particulièrement chargé de mettre en œuvre des politiques de prévention et d'éducation pour la santé dans le cadre plus général des orientations de santé publique fixées par le gouvernement.

Ses objectifs sont les suivants :

- répondre aux besoins de la population en matière de prévention et d'éducation pour la santé ;

- favoriser les initiatives et les innovations décentralisées permettant à la promotion de la santé de s'inscrire dans la réalité quotidienne ;
- associer véritablement à son action tant les professionnels de la santé que les usagers.

L'Institut national de prévention et d'éducation pour la santé crée et édite des affiches, des brochures, des dépliants, des tracts, des autocollants, des jeux et du matériel éducatif (films, diaporamas, etc.).

La Croix d'or française

10, rue des Messageries
75010 Paris
Tél. : 01 47 70 34 18
Numéro vert : 0821 00 25 26
Site Internet : http://perso.wanadoo.fr/croixdoridf/croixdoridf

Cette association se définit comme un « mouvement d'aide et d'accompagnement aux personnes en difficulté avec l'alcool et à leurs familles ».

La Croix d'or française compte environ 11 000 membres actifs. Elle est présente dans plus de 70 départements. Ses sections locales ont des initiatives multiples : groupes d'accueil et de discussion, films, visites à l'hôpital et à domicile, animation de groupes de jeunes...

La Croix d'or française dispose d'un journal trimestriel qui s'intitule *Alcool assistance*.

Mission interministérielle de lutte contre la drogue et la toxicomanie (MILDT)

7, rue Saint-Georges
75009 Paris
Tél. : 01 44 63 20 50
Site Internet :
http://www.drogues.gouv.fr

Pour traduire l'extension de ses missions à l'ensemble des produits psycho-actifs, la MILDT a mis en place un service national d'accueil téléphonique : Drogues, alcool, tabac Info Services, anciennement Drogues Info Services. Pour y accéder, il suffit de composer le 113, le numéro est anonyme et gratuit. Vous pouvez aussi poser vos questions à la rubrique « vos questions/nos réponses » sur le site Internet. Ce même service, qui propose de nombreuses informations sur l'alcool, le tabac et les drogues, illustre la nouvelle stratégie de prévention et de recherche adoptée par la politique gouvernementale.

Considérer de manière globale la consommation de produits psycho-actifs, licites ou illicites, est le signe d'une évolution des mentalités. Cette nouvelle appréhension des phénomènes de dépendance permet d'offrir une écoute et un soutien plus efficaces aux personnes alcoolo-dépendantes et à leurs proches.

Société française d'alcoologie (SFA)

Princeps Éditions
64, avenue du Général-de-Gaulle

92130 Issy-les-Moulineaux
Tél. : 01 46 38 24 14
Site Internet :
http://www.sfalcoologie.asso.fr
La SFA contribue au développement multidisciplinaire de l'alcoologie. Autour de l'usage et du mésusage de l'alcool, ses travaux s'intéressent à la prévention, à la thérapeutique, à l'évaluation et, au-delà de l'alcoologie clinique, à l'étude de tout ce qui concerne cette substance. Les polyconsommations et les codépendances l'ont amenée à se placer dans le champ plus large des addictions.

La SFA participe à l'information et à la formation, tant initiale que continue, et se veut un lieu d'échanges où s'expriment aussi bien les recherches les plus ciblées que les expériences pratiques.

Elle apporte son expertise aux enjeux de santé publique et communique avec d'autres associations du champ de l'alcool et des addictions – tabac, toxiques illicites, abus de psychotropes – aux plans national et international.

■ Société française de la Croix bleue

189, rue Belliard
75018 Paris
Tél. : 01 42 28 37 37
Site Internet : http://www.croixbleue.fr
Chaque membre de la Société française de la Croix bleue s'engage par écrit renouvelable à une « abstinence à durée déterminée ». Cette association prône le principe de complémentarité avec les autres mouvements. Elle comporte plus de cent sections locales regroupées, dont treize groupes régionaux. Son impact est plus marqué au nord de la Loire. La Société française de la Croix bleue gère deux centres de postcure pour hommes et un pour femmes. Le journal du mouvement s'intitule *Le Libérateur*.

■ Vie libre

8, impasse Dumur
92110 Clichy
Tél. : 01 47 39 40 80
Site Internet :
http://perso.wanadoo.fr/vie.libre
Créée en 1953 en dehors de toute appartenance politique ou religieuse, Vie libre est « un mouvement familial de guérison de l'alcoolisme, de prévention et de promotion individuelle et sociale ».

Vie libre accompagne les malades dans leur démarche de guérison (participation à des groupes de parole). Il est proposé aux malades de prendre des responsabilités, et notamment d'aider d'autres malades.

Le mouvement Vie libre insiste sur la nécessaire collaboration avec les médecins et le corps paramédical, assure des visites à l'hôpital Il collabore avec les associations nationales d'éducation populaire.

Vie libre édite également un journal bimestriel : *Libre*.

Lexique

Abstinence

État d'une personne qui a décidé de ne pas consommer de boisson alcoolisée ou de boisson alcoolique.

Abus

Mode de consommation d'une substance psychoactive susceptible d'induire des conséquences dommageables sur les plans physique, psychologique ou social pour le consommateur et son environnement. Les conséquences d'une consommation abusive de substance(s) psychoactive(s) découlent des propriétés de la substance elle-même, mais également des modalités de l'usage, des pathologies associées et du contexte de l'usage.

Accoutumance

Terme général englobant les phénomènes de tolérance et de dépendance psychique et/ou physique.

Addiction

Relation de dépendance plus ou moins aliénante pour l'individu, et plus ou moins acceptée, voire parfois totalement rejetée, par son environnement social, à l'égard d'un produit (drogue, tabac, alcool, médicaments), d'une pratique (jeu, sport), ou encore d'une situation (relation amoureuse).

Alcoolémie

Après consommation d'alcool, c'est la quantité d'alcool mesurable dans le sang (en grammes par litre) ou dans l'air expiré (en milligrammes par litre d'air). À l'état naturel, l'alcoolémie est nulle, l'organisme ne fabriquant pas d'alcool de manière spontanée.

Alcoolique

Terme de moins en moins employé, et à éviter ; il s'agit de la personne alcoolo-dépendante (dépendante à l'alcool) ou de celle qui présente une alcoolopathie.

Alcoolisation

C'est le fait de consommer de l'alcool, quelle qu'en soit la quantité, quel qu'en soit le mode de consommation ou quelles qu'en soient les conséquences. Par extension, on dit d'une personne qu'elle « s'alcoolise ».

Alcoolisme

Terme de plus en plus récusé par les professionnels, qui recouvre aussi bien l'alcoolo-dépendance qu'une alcoolopathie ou un problème lié à l'alcool.

Alcoolo-dépendance (dépendance à l'alcool)

Nécessité de consommer de l'alcool de manière régulière, avec comme corollaire la survenue de troubles psychiques et/ou physiques lors d'un arrêt brutal de cette consommation. Elle n'est pas fonction de la quantité ingérée.

Alcoologie

Tout ce qui concerne l'alcool éthylique ou éthanol : sa fabrication, sa production, sa distribution, sa consommation et toutes les conséquences dans tous les domaines (champs social, politique, économique, juridique, médical, etc.). L'alcoologie clinique concerne l'individu et sa consommation d'alcool avec les répercussions sur sa santé.

Alcoolomanie

État pathologique qui est lié à la consommation d'alcool (sans qu'il y ait nécessairement alcoolo-dépendance).

Alcoolopathie

Complication inhérente à l'intoxication par absorption fréquente et excessive d'alcool.

Boisson alcoolique

Boisson obtenue par fermentation ou distillation (exemples : bière, vin, eau-de-vie).

Boisson alcoolisée

Boisson additionnée d'alcool (par exemple, punch, whisky-soda).

Consommation

C'est le fait de boire de l'alcool (ingérer une boisson alcoolique ou alcoolisée). On peut la mesurer en verres par jour ou par semaine (elle peut être aussi convertie en grammes). Cela n'indique pas le mode de consommation.

Consommation à risque

Quand la consommation d'alcool fait prendre un risque pour la santé, celle du consommateur ou celle d'autrui, mais aussi lorsque le risque est social (travailler en étant alcoolisé et risquer une faute professionnelle – en dehors de l'accident de travail), judiciaire (conduire avec plus de 0,50 g d'alcool dans le sang). Une consommation à risque ne signe pas nécessairement la présence d'une alcoolo-dépendance.

Cure

Ensemble de mesures coordonnées en vue de l'application d'un schéma thérapeutique, schéma ayant sa dynamique propre et fréquemment appliqué aux personnes alcoolo-dépendantes afin de réaliser un sevrage : on parle couramment dans ce cas de « cure de sevrage ». Une fois franchi le cap du sevrage, l'individu peut aborder une nouvelle phase venant conforter son abstinence, phase dite de postcure.

Delirium tremens

Syndrome confusionnel à type de délire avec agitation, onirisme et tremblements, survenant chez la personne dépendante de l'alcool au moment du sevrage. Le *delirium tremens* apparaît dans un délai de 24 à 72 heures. Il s'accompagne notamment de suées, de déshydratation et de fièvre ; il s'agit d'une urgence médicale.

Désintoxication

Ensemble des mesures de soins, constituant souvent une cure dite « de désintoxication », destinées à effacer les stigmates de la dépendance physique liée à une dépendance à l'alcool.

Injonction thérapeutique

Modalité de traitement imposée à l'alcoolique jugé dangereux (selon la loi de 1954) en lieu et place des sanctions pénales.

Ivresse

État physiologique ou pathologique dû à une absorption importante d'alcool, généralement dans un temps court et amenant une modification visible du comportement, de la démarche, et pouvant entraîner des dommages physiques pour la personne ivre ou pour des tiers, avoir des retentissements sociaux et/ou judiciaires. L'ivresse est la manifestation de l'intoxication par l'alcool. (Il est à noter que la personne qui habituellement ne consomme pas d'alcool sera rapidement ivre.)

Mortalité

En alcoologie, nombre de décès imputés ou liés à la consommation d'alcool dans une population donnée.

Postcure

Phase du traitement d'une personne dépendante postérieure à la cure (phase de désintoxication ou de sevrage). Pendant la postcure, l'individu conforte sa capacité d'autonomie psychique et sociale par la double expérience de l'abstinence et de la vie en collectivité, tout en bénéficiant d'une aide psychologique, éducative et, si besoin est, médicale.

Problème lié à l'alcool

Ce peut être le retentissement physique de la consommation d'alcool, ou encore le retentissement familial, social, judiciaire de cette consommation, aussi bien qu'une dépendance à l'alcool.

Sevrage

Arrêt de la consommation d'alcool chez un consommateur régulier, dépendant le plus souvent.

Syndrome de sevrage

Manifestations physiques (signes pathologiques) liées à l'arrêt de la consommation d'alcool chez une personne alcoolo-dépendante.

Tolérance

Propriété que possède un organisme de supporter tel produit à telle dose, sans qu'apparaissent des symptômes pathologiques. D'une personne à l'autre la tolérance est différente ; elle augmente de pair avec la consommation (adaptation de l'organisme).

Bibliographie

POUR EN SAVOIR PLUS…

Ades, J., Lejoyeux, M. : *Alcoolisme et psychiatrie. Données actuelles et perspectives*. Masson, Paris, 2003

Ancel, P., Gaussot, L. : *Alcool et alcoolisme. Pratiques et représentations*. L'Harmattan, Paris, 1998

Bastide, R., Cormier, J., Blondin, A. : *Alcools de nuit*. Michel Laffon, Paris, 1988

Buffet, A. : *D'amour et d'eau fraîche*. Sylvie Messinger éditions, Paris, 1986

Cercle A. : *L'Alcoolisme*. Flammarion, Paris, 1998

Chabalier, H. : *Le Dernier pour la route*. Robert Laffont, Paris, 2004

Charpentier, L. : *Dans l'enfer de l'alcool. Histoire d'une génération*. Garancière, Paris, 1986

Charpentier, L. : *Toute honte bue*. Denoël-Gonthier, Paris, 1981

Chayer Gélineau, P., Moreau , F. : *Guérir d'un parent alcoolique*. Novalis, Outremont-Québec, 1998

Connolly, S. : *L'Alcool*. Éditions Gamma, Paris, 2004

Corriéras, A. : *Les Mille et Une Cuites*. Z'éditions, Nice, 1989

Dabit, D. : *Mon combat contre l'alcoolisme*. Éditions de l'Atelier, Paris, 2005

De Borde, M., Fouquet, P. : *L'Alcool. Boire et déboires*. Hachette Pratique, Paris, 1991

Frit, E., Lebrun, M. : *L'Alcool, toi, moi et les autres. Comment se libérer de la dépendance à l'alcool*. Tempérance, Paris, 1996

Grazziani, P., Eraldi, D. : *Comment arrêter l'alcool*. Odile Jacob, Paris, 2003

Guénard, T. : *Plus fort que la haine*. J'ai Lu, Paris, 2000

Hillemand, B. : *L'Alcoolisme*. PUF, Paris, 2000

Kessel, J. : *Avec les alcooliques anonymes*. Gallimard, Paris, 1985

Kiritzé-Topor, P. : *Comment aider les alcooliques et ceux qui les entourent*. MMI Éditions, Paris, 1998

Le Moigne, Y. : *Jusqu'à la lie*. Robert Laffont, Paris, 1981

Morrison, M.-A. : *Au fond du gouffre*. Presses de la Cité, Paris, 1990

Palazzolo, J. : *Sur le fil du rasoir – Itinéraire d'un bipolaire*. Ellébore, « Champs ouverts », Paris, 2005

Palazzolo, J. : *Au-delà des maux. Paroles oubliées ou l'importance de l'écoute*. Ellébore, « Champs ouverts », Paris, 2003

Reynaud, M. : *Les Toxicomanies : alcool, tabac, drogues, médicaments*. Maloine, Paris, 1982

Roberge, B. : « L'Alcoolisme d'un proche », *La Lettre du psy*, 2002 ; 6(10)

Roussaux, J.-P., Faoro-Kreit, B., Hers, D. : *L'Alcoolique en famille*. De Boeck-Université, Bruxelles, 1996

... Et un peu plus...

Alonzo-Fernandez, F. : *La Dépendance alcoolique*. PUF, Paris, 1987

Archambault, J.-C. : *Comprendre et traiter les alcooliques*. Frison-Roche, Paris, 1992

Bailly, D., Venisse, J.-L. : *Dépendance et conduites de dépendance*. Masson, Paris, 1994

Besançon, F. : *Communiquer avec une victime de l'alcool*. Interéditions, Paris, 1999

Corcos, M., Flament, M., Jeammet, P. : *Les Conduites de dépendance*. Masson, Paris, 2003

Craplet, M. : *Il n'est jamais trop tard pour parler d'alcool*. La Martinière, Paris, 2003

Descombey, J.-P. : *Alcoolique, mon frère, toi*. Privat, Paris, 1985

Kiritzé-Topor, P., Bénard, J.-Y. : *Le Malade alcoolique*. Masson, Paris, 2001

Maisondieu, J. : *Les Femmes, les Hommes et l'Alcool. Une histoire d'amour*. Payot, Paris, 2004

Malka, R., Fouquet, P., Vachonfrance, G. : *Alcoologie*. Masson, Paris, 1983

Mialon, A. : « L'Accompagnement de l'entourage », *Alcoologie et Addictologie*, 2001 ; 23(2) : 194-198

Michaud, P. : « Enfants de malades de l'alcool : pourquoi intervenir et comment ? », *Alcoologie et Addictologie*, 2001; 23(4) : 573-574

Monjauze, M. : *La Problématique alcoolique*. Dunod, Paris, 1991

Nadeau, L. : *Vivre avec l'alcool*. Éditions de l'Homme, Montréal, 1990

Palazzolo, J., Roure, L. : *Écarts de conduite – Sécurité routière et psychopathologie*. Ellipses, « Vivre et comprendre », Paris, 2004

Palazzolo, J. : *Observance médicamenteuse et psychiatrie*. Elsevier, Paris, 2004

Poty, M. : *Le Berger de Haut-Marbuzet*. Éditions du Château, Paris, 2005

Raab, A., Sarda, A. : *Comment vivre avec un alcoolique*. Éditions Josette Lyon, Paris, 1988

Reynaud, M., Parquet, P.-J., Lagrue, G. : *Les Pratiques addictives. Usage, usage nocif et dépendance aux substances psychoactives*. Odile Jacob, Paris, 2000

Reynaud, M., Parquet, P.-J. : *Les Personnes en difficulté avec l'alcool : usage, abus, dépendance*. CFES, Paris, 1999

Rousseau, J.-P., Favrot-Kreit, B., Hers, D. : *L'Alcoolique en famille*. De Boeck Université, Bruxelles, 1996

Rueff, B. : *Les Malades de l'alcool*. John Libbey Eurotext, Paris, 1995

Saliba, C. : *La Cure de désintoxication alcoolique et ses prolongements*. Presses Universitaires de Lyon, Lyon, 1982

Sekere, E., Danis, D., Gache, P., Gabris, G. : « Aider les proches pour motiver les malades alcooliques à se soigner », *Alcoologie et Addictologie*, 2003 ; 25(1) : 47-49

Steiner, C. : *À quoi jouent les alcooliques...* EPI, Paris, 1981

À propos de l'auteur

Ancien chef de clinique, Jérôme Palazzolo est psychiatre à Nice, chargé de cours à l'université de Nice Sophia Antipolis et professeur de socio-anthropologie à l'université internationale Senghor d'Alexandrie (Égypte).

Spécialisé en psychopharmacologie et en thérapie cognitivo-comportementale, il est l'auteur de nombreux articles de référence ainsi que de plusieurs ouvrages traitant des diverses pratiques psychiatriques :

Guérir vite. Soigner les angoisses, la dépression, les phobies par les TCC. Hachette, Paris, 2005

Apprendre à gérer son stress. Expérience d'un champion, l'expérience d'une vie. Chiron, Paris, 2005

Les Psychoses : données actuelles et perspectives. Elsevier, Paris, 2005

L'Annonce du diagnostic de schizophrénie. In Press, Paris, 2005

Des mots du corps aux maux de l'âme. Ellébore, collection « Champs ouverts », Paris, 2005

La Dynamique de l'équipe soignante en psychiatrie. Ellébore, collection « Champs ouverts », Paris, 2005

Dire pour vivre. Pathologies psychiques : témoignages au quotidien. Ellébore, collection « Champs ouverts », Paris, 2004

Écarts de conduite. Sécurité routière et psychopathologie. Ellipses, collection « Vivre et comprendre », Paris, 2004

Cas cliniques en thérapies comportementales et cognitives. Masson, collection « Pratiques en psychothérapie », Paris, 2004

Observance médicamenteuse et psychiatrie. Elsevier, Paris, 2004

L'Information du patient dans le cadre de la recherche en médecine. Elsevier, Paris, 2004

Informer le patient en psychiatrie. Rôle de chaque intervenant : entre légitimité et obligation. Masson, collection « Médecine et psychothérapie », Paris, 2003

L'Institution psychiatrique. Le psychiatre, le malade et leur environnement. Ellébore, collection « Champs ouverts », Paris, 2003

Chambre d'isolement et contentions en psychiatrie. Masson, collection « Médecine et psychothérapie », Paris, 2002

Isolement, contention et contrainte en psychiatrie. Rapport de thérapeutique, LXXXXVIII[e] session du congrès de Psychiatrie et de Neurologie de langue française, Medias Flashs, Paris, 2000

Dépôt légal : avril 2006
23-39-7109-01-4
ISBN : 2-01-23-7109-4
Achevé d'imprimer en Espagne par Mateu Cromo